일제침탈사 바로알기 17

일제강점기 학살당한
한국인들

● 장세윤 지음 ●

동북아역사재단
NORTHEAST ASIAN HISTORY FOUNDATION

발간사

일본이 한국을 침탈한 지 100년이 지나고 한국이 일본의 지배로부터 벗어난 지 70년이 넘었건만, 식민 지배에 대한 청산은 이루어지지 못하고 있습니다. 일본의 독도영유권 주장은 도를 넘어섰습니다. 일본은 일본군'위안부', 강제동원 등 인적 수탈의 강제성도 인정하지 않고 있습니다. 일본군'위안부'와 강제동원의 피해를 해결하는 방안을 놓고 한·일 간의 갈등은 최고조에 이르고 있습니다. 역사문제를 벗어나 무역분쟁, 안보위기 등 현실문제가 위기국면을 맞고 있습니다.

한·일 간의 갈등은 식민 지배의 역사를 어떻게 볼 것인가 하는 역사인식에서 기인합니다. 역사는 현재와 과거의 대화이며 이를 기반으로 미래로 나아갈 수 있습니다. 과거 침략의 역사를 미화하면서 평화로운 미래를 말하는 것은 불가능합니다. 식민 지배와 전쟁발발의 책임을 인정하지 않고 반성하지 않으면 다시 군국주의가 부활할 수 있고 전쟁이 일어날 위험성도 배제할 수 없습니다. 미래지향적 한일관계를 형성하고 나아가 동아시아의 평화와 번영의 기틀을 조성하기 위해 일본은 식민 지배의 책임을 인정하고 그 청산을 위해 노력해야 할 것입니다.

식민 지배의 역사를 청산하기 위해서는 식민 지배는 어떻게 이루어졌는지 그 실상을 명확하게 규명하는 일이 긴요합니다. 그동안 일본제국주의에 맞서 조국의 독립을 위해 헌신한 독립운동가들의 활동을 찾아내고 역사적으로 평가하는 일에는 상당한 성과를 거두었습니다. 반면 일제 식민침탈의 구체적인 실상을 규명하는 일에는 충분한 노력을 기울이지 못했습니다. 제국주의가 식민지를 침탈했다는 것은 너무나 당연한 사실로 여겨졌기 때문에, 굳이 식민 지배에서 비롯된 수탈과 억압, 인권유린을 낱낱이 확인할 필요가 없었는지도 모릅니다. 그러는 사이 일본은 식민 지배가 오히려 한국에 은혜를 베푼 것이라고 미화하고, 참혹한 인권유린을 부인하는 역사부정의 인식을 보이는 데까지 이르고 있습니다. 일제의 통치와 침탈, 그리고 그 피해를 종합적으로 조사하고 편찬할 필요성이 여기에 있습니다.

일제침탈사를 체계적으로 정리하는 일은 개인이 감당하기 어렵습니다. 이에 우리 재단은 한국학계의 힘을 모아 일제침탈사 편찬위원회를 꾸렸습니다. 편찬위원회가 중심이 되어 일제의 식민지 침탈사를 정치·경제·사회·문화 모든 방면에 걸쳐 체계적으로 집대성하기로 했습니다. 일제 식민침탈의 실체를 파악하기 위해 2020년부터 세 가지 방면으로 사업을 추진하고 있습니다. 하나는 일제침탈의 실상을 구체적이고 생생한 자료를 통해서 제공하는 일로서 〈일제침탈사 자료총서〉로 편찬합니다. 다른 하나는 이들 자료들을 바탕으로 연구한 결과물을 〈일제침탈사 연구총서〉로 간행합니다. 그리고 연구의 결과를 대중들이 이해하기 쉽게 〈일제침탈사 교양총서〉를 '바로알기' 시리즈로 간행합니다. 자료총서 100권, 연구총서 50권, 교양총서 70권을 기본 목표로 삼아 진행하고 있습니다.

특히 교양총서는 '바로알기'라는 이름으로 우리 중학교, 고등학교 학생들도 어렵지 않게 읽을 수 있도록 제작했습니다. 오랫동안 학계에서 공부해 온 전문가 선생님들이 일제 침탈과 관련된 다양한 주제를 집필해 주셨습니다. 이해하기 쉽도록 해당 주제를 사안별로 나눠 집필해서 가독성을 높였고, 사진과 도표로 충분히 곁들였습니다. '바로알기' 시리즈를 통해 많은 시민과 학생들이 제국주의 일본의 한반도 침탈과 그로 인한 피해 실상을 바로 알 수 있게 되기를 바랍니다.

2021년 11월

동북아역사재단 이사장

머리말

필자는 지난 30여 년간 국내는 물론, 해외 각지의 자료 조사·수집과 유적 탐사, 학술회의 참석 차 많은 역사 유적지를 방문하였다. 생생한 역사의 현장에서 책으로는 알 수 없었던 새로운 사실을 확인하고 큰 충격을 받기도 하고, 한편으로는 각성을 하기도 했다. 특히 그동안 미처 몰랐던 일본 군국주의 세력의 한국인 학살 현장을 방문했을 때는 역사학자의 한 사람으로 부끄러움을 느끼기도 했다. 왜냐하면 그러한 사실이나 현장을 잘 몰랐기 때문이다.

우리 민족이 일본의 식민지에서 벗어난 지 76년이 되었지만, 일제강점기 혹은 독립전쟁기에 자행된 일본의 한국인 학살 만행의 진상은 아직도 제대로 규명되지 않고 있는 실정이다.

동학농민전쟁과 의병전쟁, 3·1운동, 일본의 관동대지진, 중국 연변의 간도참변(일명 경신참변), 러시아 연해주 4월참변, 그리고 1930년대 후반에서 1940년대 전반기 일제의 침략이 국제적으로 확산되는 과정에서 국내외 각지의 한국인(조선인) 수천 또는 수만 명이 학살, 희생됐다는 주장도 있다. 그러나 대부분 정확한 자료로 뒷받침되지 않고 있다.

더욱이 일제강점기와 그 전후 시기에 일본 정부나 조선총독부 당국, 일본 군경, 민간인 등에 학살, 희생된 한국인들의 규모와 피해 상황에 대해서는 아직까지 정확한 통계조차 없는 실정이다. 앞으로 이러한 참변의 실상과 진상 규명, 교육 등이 시급하다고 본다.

이 책은 1894년 전후 시기부터 1945년 8월 15일 일본 제국주의 침략 세력의 패망 전후 시기까지 약 55년간 일제 침략 세력, 주로 일본 군경, 혹은 일본 정부나 관련 기관·단체·민간인 등이 국내외 각지에서 벌인 한국인(당시 '조선인'으로 낮춰 부름) 학살과 각종 만행의 진상을 서술하여 그 피해의 주요 내용을 정확히 밝히고, 그 내용을 국내외에 올바르고 쉽게 알리기 위해 집필하였다.

주요 주제별로 일반 국민·학생들이 알기 쉽도록 쉬운 문장과 내용으로 간결하게 서술하였다. 일제강점기에는 '조선인'이 많이 쓰였으나, 제목을《일제강점기 학살당한 한국인들》로 정하였다.

한일 우호관계의 회복을 위해서는 과거 일본 제국주의 침략 세력의 한국 및 한국인에 대한 침탈과 각종 만행의 피해에 대한 객관적 사실 정립과 올바른 역사인식의 확산이 필요하다. 또 추후 국내외의 새로운 자료를 발굴하고 활용하여 일본 제국주의의 한국침략 과정에서 저질러진 의도적 대학살을 '제노사이드(Genocide)' 관점에서 체계화할 필요가 있다. 그러나 적은 지면으로 인해 이 책에서는 충분히 검토할 수 없기 때문에 미처 다루지 못한 주제와 내용은 다른 기회를 통해 보완하려고 한다. 독자 여러분의 이해와 성원을 기대한다.

이제 와서 구태어 일제강점기의 어두운 부분을 다시 조명하려는 것은 한·일 간 갈등을 부추기고 과거의 원한이나 복수심을 자극하려는 것이 아니다. 상대방에 대한 이해나 참다운 우호관계는 과거 사실을 직시하고, 그 의의를 성찰하여 과거의 잘못을 다시 되풀이하지 않을 때 가능하다고 보기 때문이다. 필자는 과거와 현재 사실의 올바른 인식과 해석, 이를 바탕으로 한 전망을 통해 미래를 향해 달릴 수 있다고 믿는다.

중·고교 학생이나 대학생, 일반 국민이 쉽게 읽고 이해하며 공감할 수 있도록 관련 자료나 사진, 그림, 도표 등을 포함하여 독자들의 이해를 돕고자 하였다. 본문 서술 내용에 일일이 각주나 출처를 밝힐 수 없었지만, 김상기 · 신영우 교수 등 여러 전문 연구자의 연구 성과, 관련 단체, 언론 등에서 큰 도움을 받았다. 이 자리를 빌려 깊은 감사의 뜻을 전하고자 한다.

과거 일본 당국과 일본 군경, 민간인에 희생된 억울한 한국인들의 영면과 명복을 빌면서, 이 책이 추후 일제의 학살과 각종 만행을 되짚어보고 성찰하는 작은 디딤돌이 되기를 진심으로 기원해본다.

2021년 12월

북한산 아래 수하재에서

장세윤

차례

1

일본군의 동학농민군과 의병 학살

- 제노사이드

한국 근대사에서 일본군의 첫 한국인(조선인) 학살은 1875년 9월 일본 군함 운요호(雲揚號)가 조선 연해 강화도 등 강화해협을 불법 측량하고 침입한 데 비롯되었다. 9월 20일 운요호는 조선군이 공격하자 초지진에 포격을 가한 뒤 영종도에도 포격을 가하고 일본군 22명을 영종도에 상륙시켜 조선군과 전투를 벌였다. 조선군이 근대식 대포와 소총으로 무장한 일본군을 상대하기는 어려웠다. 일본군은 수비하던 조선군 35명을 죽이고 다수의 포와 화승총 등을 약탈하였다. 또한 일본군은 철수하면서 영종도에 설치된 영종진의 공공건물과 민가에 방화하여 큰 피해를 입혔다.

일본은 1868년 메이지유신(明治維新) 이후 조선과 새로운 외교관계를 무리하게 수립하려 했다. 그러나 조선 정부의 반발로 어려움을 겪으면서 무력으로 조선을 '정벌'하자는 정한론(征韓論)이 대두하였다. 이러한 배경에서 추진된 운요호의 영종도 도발사건은 무력시위와 포함(砲艦)외교를 통해 조선 정부를 위협하고, 이듬해 강화도조약을 강요·체결케 함으로써 일본의 한반도 침략의 발단이 되었다는 점에서 중요한 의미를 갖는다.

일본군의 동학농민군 학살

1894년 1월 고부군수 조병갑(趙秉甲)의 탐학으로 촉발된 고부봉기는 동학이라는 신흥 종교와 농민세력이 결합하여 일어난 것이었다. 외세의 침략을 물리치고, 국내 개혁을 요구하는 동학농민군의 주장은 이후 큰 호응을 받아 대규모 봉기와 일련의 국내·국제전쟁인 동학농민전쟁

1894년 3월 동학농민군의 백산봉기 기록화

출처: 독립기념관 소장

(일명 갑오농민전쟁, 1894년 농민전쟁)으로 나아갔다.

1894년 4월 정부군을 물리치고 호남의 중심도시 전주성을 점령한 뒤 5월에 폐정개혁안의 실시를 약속하는 '전주화약'을 체결한 뒤 동학농민군은 자진 해산하였다. 그러나 이해 7월 일본군이 경복궁을 점령하는 등 조선 침략을 감행했다는 소식이 전해지자, 전봉준·손병희 등이 이끄는 동학농민군은 이들을 몰아내기 위해 1894년 9월 제2차 봉기를 단행했다.

동학농민군은 1894년 12월 공주 우금치에서 6~7일간에 걸쳐 일본군과 관군을 상대로 40~50여 차례의 치열한 공방전을 펼쳤다. 공주 우금치에서 동학농민군 2만여 명과 조선 관군 1,500여 명, 일본 육군보병 19대대 2중대 200여 명, 일본 육군의 훈련을 받은 신식군대 교도중대 350명 등 '조일연합군' 2,000여 명이 격돌했던 것이다. 그러나 결국 동학농민군은 우세한 화력과 장비를 갖춘 일본군과 관군에 큰 희생을 치른 채 패퇴하고 말았다. 이후 일본군과 관군은 동학농민군을 끈질기게 추격하여 대규모 학살을 저질렀다. 이하에서는 일본군의 동학농민군 학살 내용을 간단히 정리해보기로 한다.

동학농민군 학살의 주범은 청일전쟁 와중에 조선에 파견된 일본군 후비보병 제19대대였다. 이들이 조선군을 지휘하여 무참히 학살하였던 것이다. 특히 일본 정부는 대규모 학살이 일어날 것을 예상하고, 그 책임을 미루기 위해 동학농민군 진압군 파병을 조선 정부에 강요하였다. 그리하여 조선 정부가 일본에 파병을 요청하는 방식을 취하도록 했다.

1894년 일본의 청일전쟁 도발 후 일본 히로시마(廣島)에 주둔하던 일본군 제5사단은 증파병력으로 1894년 8월 부산에 상륙하였다. 노즈 미치쓰라(野津道貫, 1841~1908) 사단장이 이끄는 일본군은 경북 선산에 해평(海平) 병참부를 설치하고, 병참노선을 따라 육로로 북상하는 과정에서 경상도의 동학농민군과 여러 차례 전투를 벌였다. 이 과정에서 많은 동학농민군을 학살하였다.

또 청일전쟁의 와중에 일본군은 경부철도 부설을 위한 철로(軍路)실측대를 1894년 조선에 파견했는데, 이들의 호위를 위해 호위병을 운영하였다. 특히 구와바라 에이지로(桑原榮次郎) 소위의 호위병들은 이해 12월과 이듬해 1월 충북 옥천과 청주, 보은 등지에서 동학농민군과 전투를 벌이면서 김개남 등의 동학농민군에 큰 타격을 주었다. 특히 이들은 보은 북실[鍾谷]전투에서 동학농민군 300여 명을 죽이는 참극을 벌여 당국과 주변 사람들에게 큰 충격을 주었다.

동학농민군의 공주 우금치전투 디오라마

출처: 『독립기념관 전시품 도록』, 1995, 41쪽

당시 토포사로 동학농민군 진압에 참여했던 지석영(池錫永)은 동학농민군의 화승총에 대해 다음과 같은 기록을 남겼다. 이는 후일 의병들도 화승총을 주력무기로 삼고 있었다는 점에서 시사하는 바가 크다.

> "화승총은 심지에 불을 붙여서 타들어 가는 것을 기다려야 하고, 사정거리가 100여 보(步)인 데 반해 양총(洋銃)은 자발식(自發式)이고 사정거리가 500보라서 토벌군이 100여 보 이상의 거리에서 사격하면 농민군은 그저 바라볼 뿐 응사할 수 없었다."

신영우 교수(충북대)는 논문 「1894년 일본군의 동학농민군 학살」에서 일본군 보고문서 『주한일본공사관기록(駐韓日本公使館記錄)』과 관군 기록 『순무선봉진등록(巡撫先鋒陳謄錄)』 등을 근거로 2만~5만 명에 이르는 많은 동학농민군이 일본군에 의해 학살됐다고 추정했다.

실제로 일본군 남부병참감 이토 스케요시(伊藤祐義) 중좌는 동학농민군 탄압의 실질적 주역인 미나미 고시로(南小四郎) 소좌에게 1894년 11월 19일 다음과 같이 지시하였다.

> "① 동학당은 현재 충청도 충주·괴산 및 청주 지방에 군집(群集)해 있고 그 여당(餘黨)은 전라·충청 양도 소재 각지에 출몰한다는 보고가 있으니, 그 근거지를 찾아서 이를 초절(剿絶, 무력으로 모조리 끊어 없앰)할 것.
>
> ② 조선 정부의 요청에 따라(이는 일본군의 핑계임-필자) 후비보병 제19대대는 다음 항에서 가리키는 3로로 나누어 진군하고, 조선군과 협력해서 연도(沿道)에 소재하는 동학당의 무리를 격파, 그 화근을 초멸(剿滅, 무력으로

모조리 없애버림)해서 재흥(再興)의 후환을 남기지 않음을 요함. (중략) 다만 이번에 동학당 진압을 위해 전후로 파견된 조선군 각 부대의 진퇴와 군수품 조달은 모두 우리 사관(士官, 장교)의 명령에 따라 하게 하되, 우리 군법을 준수케 할 것이며 만일 위배하는 자가 있으면 군율에 따라 처분될 것이라고 조선 정부로부터 조선군 각 부대장에게 이미 시달되어 있으니, 세 갈래 길로 이미 출발했거나, 또는 장차 출발할 조선군의 진퇴는 모두 우리 사관으로부터 지휘 · 명령을 받아야 할 것임."

- 국사편찬위원회, 『주한일본공사관기록』 1, 153-154쪽.

이처럼 동학농민군의 탄압은 일본군 주도하에 조선군이 참여하는 형식으로 철저하게 '초절'·'초멸'한다는 방침으로 무자비하게 시행되었다. 당시 동학농민군 탄압의 선봉장이었던 미나미 고시로는 후일 보고서에서 "많은 동학당을 죽이는 방침을 취하고 있다. 다소 살벌하지만, 훗날 다시 일어날 가능성을 제거하기 위해 명령에 따르고 있다"라고 실토하였다.

신영우 교수는 동학농민군의 피해를 추산하기 위해 위 공사관기록에 실린 일본군 보고문서에 기록된 동학농민군 희생자 3,094명에 관군의 기록과 차이가 나는 3,730명을 합쳤다. 또 숫자로 환산이 어려운 기록인 수백 명과 수십 명, 우금치전투 희생자 2,000~3,000명, 대부분 처형됐을 포로 319명에 수십~수백 명을 더했다. 이에 따라 신 교수는 "일본군의 학살자 수는 기록에 따라 2배에서 10배까지 관군의 통계에 비해 줄어들어 있고 시기적으로는 1894년 12월 초부터 학살자 수를 현저히 축소하고 있다"라고 정리했다. 실제로 전남 장흥에서 조사된 학살자를 일본군은 300명으로 기록했지만, 실명이 확인된 희생자가 345명이고 이름이 확인되지 않은 희생자는 1,265명으로 모두 1,610명의 희생자가 나왔다는 조사기록도 있다.

따라서 "이런 비율과 보고되지 않은 수를 포함하면 2만 명에서 5만 명에 이르는 동학농민군 대학살이 일본군의 책임 아래 자행됐다"고 평가했다. 전체 학살규모는 추정하기조차 어렵지만, 1894년 말에서 1895년 초에 이르는 동학농민군에 대한 학살과 그 이후에도 계속된 수색과 체포 과정에서의 학살, 체포된 동학농민군을 재판 등 사법처리 형식을 거쳐 죽인 것까지 포함하면 전체 규모는 더 늘어날 것으로 판단된다. 일본

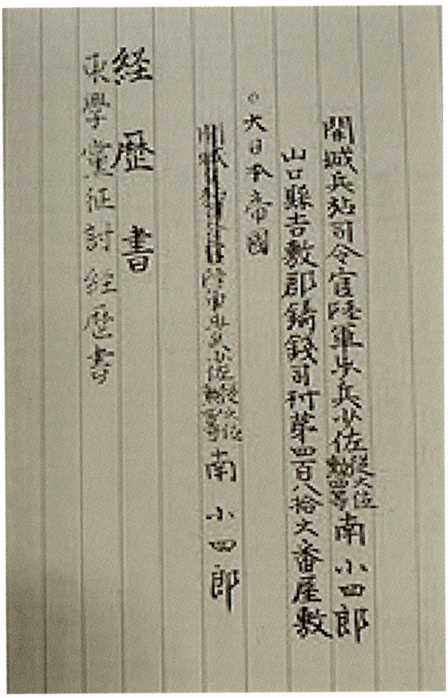

동학농민군 학살 책임자인 일본군 소좌 미나미 고시로의 동학군 학살 기록
동학농민군 학살 집행 내용을 상세히 기록하였다.
출처: 「동학당정토(東學黨征討) 경력서」, 박용규 제공

군 전투보고서를 보면 처음에는 전과를 정확하게 밝히려고 했지만, 뒤로 갈수록 30명 또는 200명으로 대충 기록해서 정확한 희생자 파악에 관심이 적고 조선인들의 살육에 대해 무감각해진 것이 드러난다. 이는 일본군의 대량 학살이 자행되었음을 시사한다.

일본군이 저지른 참혹한 학살 만행도 부지기수이다. 일부 사례를 찾아보면 다음과 같다.

민족문제연구소 박용규 박사의 연구에 따르면 동학도 신경일(申敬日)은 전북 장수군에서 농민군으로 활약하다 1894년 11월 일본인에게 잡혀 장터에서 화형에 처해졌다. 우금치전투에서 일본군과 교전한 이승원(李承遠) 역시 이해 11월 공수원에서 일본군에 체포돼 공주 시내에서 화형을 당하고 말았다. 또 동학농민군 강운재(姜云在)는 충남 태안·서산·해미전투에 참여하고 1906년 5월 홍주성전투에 참전했다가 일본군에 생포되었는데, 참혹하게도 작두형으로 목이 잘려 죽임을 당했다.*

일본군의 의병 학살

한말 의병전쟁은 거의 20여 년간 전국적으로 치열하게 전개되었다. 처음에는 전국 유림의 신망을 받고 있던 유학자들이 주도하였으나, 나

* 이상의 내용은 박찬승, 2004, 「동학농민전쟁기 일본군 · 조선군의 동학도(東學徒) 학살」, 『역사와현실』 54, 한국역사연구회; 신영우, 2009, 「1894년 일본군의 동학농민군 학살」, 『제노사이드와 한국 근대』, 경인문화사; 박용규, 2021, 『전봉준 최시형 독립유공 서훈의 정당성』, 인간과자연사 등을 참조한 것임.

중에는 수많은 무명의 민중이 여기에 합세하였다. 처음에는 의병을 탄압하던 대한제국 군인들도 1907년 8월 이후 의병대열에 합류하여 대일항전을 드높였다.

의병전쟁은 1894년부터 시작되었다. 1894년 7월 일본군의 경복궁 점령사건인 '갑오왜란'과 이듬해 10월 일본인들의 명성황후 시해사건인 '을미사변'을 계기로 대규모 의병봉기가 일어났다. 그러나 1904년 한일의정서와 1905년 을사5조약 강제 체결을 전후하여 전국적 규모로 의병전쟁이 다시 전개되었다. 의병전쟁은 1907년 8월 일제의 대한제국 군대 해산을 계기로 이에 항거하는 해산군인들이 의병에 가담하면서 더욱 강화되었다. 1908년 1월에는 허위(許蔿)가 이끄는 전국 연합 의병부대가 서울 진격작전을 펴서 동대문 밖 30리 지점까지 진출하여 일본군과 격전을 벌였다. 그 뒤에도 의병부대들은 각 부대별로 흩어져 전국 각지에서 항전을 계속하였으나, 일본군의 이른바 '남한대토벌작전'으로 큰 타격을 받고 말았다. 그러나 의병들의 활동은 1915년까지 지속되었다. 이후 주요 의병 세력은 중국 동북 지방(만주)이나 러시아 연해주 지방으로 이동하여 군사를 양성하는 등 무장독립운동을 지속하여 독립군으로 발전하였다.

일본군의 의병 학살 주요 내용을 간략히 정리해보기로 한다.

1904년 러일전쟁을 계기로 일본은 한반도에 대한 군사적 침략을 감행하였다. 이는 종전에 개항장을 중심으로 한 부분적 군대 파견과는 달리 한반도에 대한 전면적 군사 지배의 실행을 의미하는 것이었다. 따라서 일본군보다는 오히려 관군을 상대로 싸워야 했던 전기(前期)의병 때와 달리 러일전쟁 이후의 의병들은 이제 일본군과 전면전을 벌이지 않을 수 없게 되었다.

예를 들면 1906년 중반 충청남도 홍주의병의 봉기는 일본군과 대규모 접전을 벌인 대표적 사례라고 할 수 있다.

일본군은 1906년 5월 19일 1,200여 명의 의병들이 점령한 충청남도 홍주성(지금의 홍성)을 5월 31일 새벽에 기습하여 빼앗았다(2차 홍주성전투). 이후 일본군은 6월 7~9일경까지 무자비한 의병 수색과 탄압을 자행하였다. 이 과정에서 의병 300명이 학살된 것으로 파악된다. 그것은 홍주성전투 직후 부임한 군수 윤시영(尹始永)이 그의 일기에 다음과 같이 기록하고 있기 때문이다. "의병 시신 83구를 매장했고, 또 목이 잘린 시신 15구를 찾아내 6월 8일 매장했다. 사상자가 몇 백 명인지 알 수 없으며, 사방 수십 리 지경 안에는 인적이 끊기고 잡힌 사람이 160여 명인데, 모두 차례로 죽임을 당했다는 것을 들으니 심히 참혹했다"(한관우, 「치열했던 홍주성전투와 일본군의 의병학살」, 『홍주일보』, 2016.7.28). 또 이 전투에 참가한 의병장 유준근(柳濬根)은 후일 『마도일기(馬島日記)』에서 의병 300여 명이 전사했다고 기록했다.

1904년 러일전쟁 발발 이후 일본군의 의병 학살은 대체로 3단계로 구분할 수 있다. 첫 번째는 러일전쟁 이후부터 1908년 상반기까지이다. 1906년 5월부터 의병 학살이 시작되어 1908년 6월까지 약 2년간 통계상으로는 의병 11,419명이 학살된 것으로 파악된다. 특히 1907년 8월 군대 해산 직후 의병전쟁이 격화하면서 일본군의 학살에 비례하여 의병들의 희생이 컸던 것으로 분석된다. 두 번째는 1908년 하반기 이후부터 1910년 8월 대한제국의 멸망 전후 시기이다. 1909년 9월부터 2개월간 일본군은 주로 호남 지역을 대상으로 소위 '남한대토벌작전'이란 대규모 탄압을 전개하여 의병과 민간인들에게 큰 피해를 주었다. 세 번째는 1910년 일본의 강점 이후로 일본군 수비대가 종전의 분대 중심에서 소대·중대 중심으로 배치되고, '토벌'보다는 일상적 감시체제로 전환되는 단계이다. 1910년대에 헌병경찰제도가 시행되면서 식민지 무단통치 체제가 확립되어 갔던 것이다.

일본군과 지속적인 대규모 전투가 이루어져 많은 의병 희생자가 나온 시기는 1907년 8월 이후의 후기(後期)의병 시기로, 이때 일본군이 집중적으로 의병 학살을 자행하였다.

러일전쟁 직후 대한제국에 소위 '한국주차군(韓國駐箚軍)'을 설치한 일본 정부는 주차사단과 여단 규모의 임시 파견 병력을 중심으로 전국 요지에 수비대를 주둔시켜 지속적 의병 '토벌'을 감행하였다. 특히 일본군은 1907년 7월 하순 1개 여단 병력 규모의 수비대 병력을 한국으로 증파하여 군대 해산 이후의 해산군인과 의병 세력의 섬멸을 준비하였다. 같은 해 8월부터 해산군과 의병들의 항쟁이 활발하게 전개되었던 한반도 중남부 지역을 중심으로 이른바 '폭도 토벌'을 위한 대규모 군사작전을 계획하였다. 이에 따르면 경기·강원→충청·경북→경남→전남·전북 등 한반도 중·남부 지역을 구분하여 해산군인과 의병에 대한 집중적 탄압을 벌였다. 함경남도 등 북부 지역에서도 의병 탄압을 벌였지만, 군사력을 집중시킨 곳은 중부와 남부 지역이었다. 중부·남부 지역에 여러 의병부대가 널리 분포하여 저항이 강력하였고, 일본의 식민지 추진정책에 위협이 된다고 보았기 때문이다.

일본 정부와 일본군은 1894년 동학농민군을 무차별 학살한 이후 일본군 수비대와 임시헌병대를 조선에 주둔시켜 항일의병을 탄압하였다.

또한 1905년 을사5조약을 강행하여 대한제국의 국권을 박탈하고, 이에 항거하는 의병을 진압하기 위해 소위 '한국주차군'을 설치하였다. 또 1907년 8월 군대 해산 이후 의병 항쟁이 전국적으로 확산되자 병력을 증파하여 2개 사단 규모의 정규군과 헌병대를 동원해 의병들을 잔인하게 학살하였다.

일본군과의 전투 과정에서 전사한 대표적 의병장으로 정환직·정용기 부자를 비롯한 경북의 산남(山南)의병들, 채광묵 부자 등 300여 홍주(지금 충남 홍성)의병, 이춘영·안승우·서상철·주용규·홍사구와 같은 충북 제천의병, 김정환 등 황해도 평산의병, 그리고 기삼연과 고광순, 김태원·김율 형제 등 1,000여 명 이상의 호남의병 등을 들 수 있다. 경기도 이천의병장 김하락은 전투 중 투신 자결했으며, 김상태·문태수는 옥

일본군의 김성삼·이춘근·안순서 의병 학살(1904.9.21, 서울 마포) 출처: 『독립기념관 전시품 도록』, 1995, 65쪽

중에서 자결했다. 이름이 비교적 널리 알려진 이강년·심남일·이은찬·이인영·전해산·채응언·최세윤·허위 의병장은 총살형을 받고 순국하였다.

일본군과의 전투에서 희생된 의병 규모를 파악하기는 쉽지 않다. 1895~1896년경 전기의병 시기 일본군이 살해한 의병을 그들 기록을 통해 확인해 보면 충북 충주의 수회장(水回場)전투에서 20여 명, 충주성전투에서 50여 명, 선평(仙坪)전투에서 30여 명, 제천의 태봉전투에서 20여 명, 음성전투에서 47명, 장호원전투에서 24명, 함경도 함흥전투에서 20여 명 등 300여 명에 이른다. 충북 제천의병의 남산 전투와 이천의병의 남한산성 전투에서도 다수의 의병이 사살되었다.

이때 일본군은 수회장과 안동 시가지, 제천 시내를 의병의 '소굴'로 지목하여 불태우고 민간인도 학살하는 만행을 저질렀다. 후기의병기인 1907~1910년에도 일본 측 자료로 확인 가능한 희생자가 무려 2만여 명에 달한다. 특히 1907~1909년의 2년여 동안 집중적으로 희생되었다. 부상자 수도 그 이상이며, 포로들의 부당한 처리도 심각했지만, 아직 확인할 수 없는 실정이다.

1909년 9~10월에 자행된 호남의병 대탄압작전에서 살해된 의병 숫자를 『조선폭도토벌지』(1911년까지 통계)는 123명으로 기록하였다. 그러나 일본 방위청 자료에는 451명으로 조사되어 있어 4배에 가까운 의병 희생자를 낸 것으로 추정된다. 여기에 민간인의 피해는 파악조차 할 수 없다. 후기의병전쟁 시기에 희생된 의병 숫자는 일제 측 통계로는 2만 명 미만으로 나타나지만, 그보다 3~4배에 달할 것으로 판단된다.

의병과 일본군의 전투는 겉으로 보면 전투 행위로 보이지만, 일본군

□ 일본군과 의병의 피해 상황 비교

연도	일본군 측		의병 측	
	전사	전상(戰傷)	사망	부상
1906	3	2	82	-
1907	29	63	3,627	1,492
1908	75	170	11,562	1,719
1909	25	30	2,374	435
1910	4	6	125	54
1911	-	6	9	6
합계	136	277	17,779	3,706

출처: 조선주차군사령부 편, 1967, 「조선폭도토벌지」, 『조선독립운동』 1, 김정명 편, 東京: 原書房, 239-244쪽

에 의한 의병의 일방적 대량 학살이라는 성격이 강하다. 위에서 언급한 1906년 2차 홍주성전투에서 의병은 300여 명 희생되었지만, 일본 측 희생자는 단 3명이었다. 1908년 충남 당진 소난지도 전투에서도 의병 100여 명이 희생되었지만, 일본군 측은 한인 순사 1명의 부상자가 나왔을 뿐이다. 물론 일본군 통계를 그대로 믿을 수 없다고 볼 수도 있지만, 당시 의병들의 열악한 무기와 여건은 양측의 대등한 접전을 거의 불가능하게 하였다.

일본군이 나중에 정리한 '일본군과 의병의 피해 상황 비교'표를 보면 의병 1만 7,779명이 희생된 데 반해 일본 측 피해는 겨우 136명에 불과하다. 특히 이 표에서 1907~1909년까지 일본군과의 전투에서 희생된 사망자(전사자) 수와 부상자 수를 비교해보면 부상자보다 사망자 수가 훨씬 많은 사실을 알 수 있다. 이는 일반적 전투나 전쟁 사상자 수와 비교

해보면 매우 비정상적인 것으로, 일본군이 의병들을 마구 학살했음을 실증하는 통계이다. 보통 전쟁에서 사상률(손실) 30% 이상이면 전투가 불가능하기 때문에 항복하는 경우가 많다. 특히 30% 사상률 가운데 사망 10%와 중경상 20% 정도만 되어도 전투나 전쟁을 수행하기 어렵다고 한다.

일본군은 의병이 거주한 마을을 불태우고 유서 깊은 사찰까지도 방화·파괴하기를 주저하지 않았다. 전투원과 민간인을 구별하지도 않고 학살하는 만행도 무수히 저질렀다. 또한 체포된 의병을 재판도 없이 현장에서 총살하는 경우도 많았다.

일본 정부는 1907년 7월 보병 제14연대를 포함하는 1개 여단 병력을 한국에 파견하였다. 이 14연대의 주요 임무는 허울뿐인 대한제국군의 강제 해산이었다. 이 일본군 부대는 이해 8월 이후 구한국군 지방진위대를 강제로 해산시켰다. 그 과정에서 해산에 반대하는 진위대 병사들과 전투도 벌였다. 14연대는 구한국군이 강제로 해산된 뒤에는 의병 탄압에 나섰다.

14연대 예하 부대는 각 수비 지역의 의병을 무력으로 탄압하였다. 1907년 9월 경기·충청 지역 의병을 탄압하기 위해 장호원과 음성, 병천, 직산 등지에 부대를 파견했으며, 그해 10월에는 금산대와 진산대 등을 조직하여 충남 대둔산 일대의 의병을 탄압하였다. 같은 해 9월 경북 산간 지역의 이강년 의병부대를 비롯하여 신돌석 의병부대, 산남의진(山南義陣)을 탄압하였다. 일본군의 집중적 탄압으로 이들 의병은 경북 산간 지역과 해안 지역으로 이동하여 항전하였다. 산남의진은 영천, 청송, 흥해, 영일 등지에서 일본군과 싸워 많은 전과를 거두었으나, 1907

년 12월 의병장 정환직이 체포되고 말았다. 1908년 7월 이강년이 체포되었으며, 그해 12월 신돌석이 순국하였다.

특히 원산에 주둔한 일본군 수비대인 보병 제51연대 9중대 고성분견대는 1907년 10월 20일 강원도 고성에서 350여 명의 의병과 전투를 벌였는데, 그 직후 집에 숨은 의병장 권형원(權亨源, 1854~1907)을 잡아서 총살한 뒤 목을 잘랐다. 그리고 머리를 가마솥에 넣고 삶은 뒤 살을 파헤쳐내고, 그 두골을 일본으로 가져가는 참혹한 만행을 저질러 많은 사람의 충격과 분노를 자아냈다(박민영, 2020, 「고성 의병장 권형원의 단두 '부전(釜煎)' 수난」, 『한말 의병의 구국성전』, 역사공간, 419·451-455쪽).

일본군 14연대는 계속해서 호남의병 탄압작전을 벌였다. 광주수비대는 지리산 연곡사 일대에서 고광순 의병부대를 새벽에 기습하여 40여 명을 학살했으며, 연곡사를 불태웠다. 기삼연 의병부대 23명도 사살했다. 또 전남 서남부와 해안지대에 병력을 재배치하고 전해산 의병부대, 안규홍, 심남일, 양진여 의병부대 등을 공격하여 의병들을 무자비하게 학살했다.

일본군은 의병과 교전하면서 많은 의병을 체포했는데, 이들을 심문하고 정보를 입수한 뒤에는 대부분 학살하였다. 한 미국 선교사는 일본군이 묶여 있는 의병을 학살하고 그 시체를 유기했다고 보고하였다. 이처럼 민간 의용병인 의병과 정규 일본군과의 전투는 일본군의 한국인 민간인에 대한 일방적 학살의 성격이 강한 것이었다.

의병 세력은 1907년 군대 해산 이후 약 1년간 일본군의 집중적인 공격으로 많은 희생을 치렀다. 한국주차군사령부의 보고 문건과 『보병 제14연대 진중일지』 등 일본군 측 자료를 보면 이때 일본군에 학살된 의병 수는 공식통계상으로는 1만 2,592명에 달한다. 그러나 실상은 훨씬 많았다고 보아야 한다. 근대식 병기로 무장한 일본군의 월등한 화력, 밀정과 구한국 지배층을 활용한 치밀한 정보전, 러일전쟁 와중에 부설된 철도 등을 이용한 빠른 기동력 등이 주요 원인이었다. 의병들은 대부분 낡은 화승총과 창·칼 등으로 무장했기 때문에 일방적으로 큰 피해를 입을 수밖에 없었다.

이후 의병들은 일본군과의 대규모 군사적 충돌을 피하는 대신 유격전을 강화하고, 지역 주민과의 유대를 통해 군수물자를 확보하여 근거

1915년 7월 평남 성천에서 체포된 최후의 의병장 채응언(1879~1915)

옆은 채응언 의병장과 격투를 벌인 끝에 체포한 일본군 병사. 채응언은 1908년부터 300~400명의 의병부대를 이끌고 황해도와 강원도 북부, 경기도 북부, 함경도 일대 산악지대에서 용맹을 떨쳤으나, 1915년 11월 평양형무소에서 순국하였다.

출처: 이규헌 해설, 1992, 『사진으로 보는 독립운동』 상, 서문당, 120쪽

지를 마련하는 한편, 정보력을 강화하여 일본군의 공격을 피하는 등 새로운 전술을 모색하면서 지구전을 벌였다.

1907년 군대 해산 직전 부산에 상륙한 일본군 보병 제14연대는 이해 9월 대구에 연대본부를 설치하고 영남과 호남 지역 의병 세력을 초토화하기 위한 일대 탄압작전을 전개하였다. 일본군은 1908년 2월부터 보병 제14연대 관할 수비 지역을 3개의 수비구(대구수비구, 광주수비구, 경주수비구)로 나누어 영호남 지역 의병부대에 대한 압박을 강화했다. 특히 지리산 인근 의병 세력의 탄압에 주력하던 14연대는 1908년 4월에 종전의 광주수비구를 진주수비구로 바꾸고 제2대대 본부를 진주로 옮겨 경남 서부 지역 의병에 대한 본격적 탄압에 나섰다. 대구 – 진주 – 경주 수비구 체제하에서 이해 11월까지 지속된 일본군의 탄압작전 결과 경남 서부 지역에서 의병활동은 현저히 약화되어 사실상 의병 세력이 거의 자취를 감추고 말았다. 이른바 '토벌' 기간 중 일본군 제14연대가 의병 세력에게 입힌 피해는 공식 통계만으로도 의병 사망자 855명, 피검자 145명에 달했다. 그러나 실제 희생자는 훨씬 많은 것으로 추정된다.

그러나 일본 정부는 14연대만으로는 뒤늦게 광범한 지역에서 봉기한 호남 지역 의병을 진압할 수 없다고 판단하고, 1909년 6월 1개 여단 규모의 '한국임시파견대'를 일본에서 불러들였다. 이해 9~10월 약 2개월에 걸친 이른바 '남한대토벌'을 단행하여 호남 지역 의병 세력의 전멸을 꾀한 것이다. 결국 일본군의 '남한대토벌' 작전으로 호남 지역 의병 세력이 큰 피해를 입고 무력화되면서 의병전쟁은 차츰 퇴조하였다. 1910년대 초에도 황해도 등지에서 의병들의 항쟁이 한때 있었지만, 많은 의병 세력이 중국 동북(만주)·러시아 연해주 지역으로 이동함으로써 국내

의병전쟁은 해외 독립군의 항일무장투쟁으로 나아갔다.

동학농민군과 의병을 비롯한 한국인 민중에 대한 일본군의 이 같은 잔인한 학살과 만행은 당연히 일본 정부와 일본군 수뇌부의 방침과 지시에 따른 것이었다. 특히 1908~1910년 한국주차군 참모장겸 한국주차 헌병대장 아카시 모토지로(明石元二郎)의 책임이 컸다. 여기에 당시 일반적으로 널리 퍼져 있던 일본인의 조선이나 구 한국, 한국인(조선인)에 대한 멸시나 무시, 당시 유행하던 사회진화론의 영향에 따른 인종적 편견이나 차별의식, 약자에 대한 차별이나 혐오의 감정이나 행위를 아무런 거리낌 없이 드러내던 당시 일본 사회와 국가 분위기 등을 고려하지 않으면 도무지 이해가 되지 않는 것이라고 할 수 있다.*

* 김상기, 2009, 「한말 일제의 침략과 의병학살」, 『제노사이드와 한국 근대』, 경인문화사; 김상기, 2013, 「'제14연대 진중일지'를 통해 본 일본군의 의병탄압」, 『한국독립운동사연구』 44집, 독립기념관 한국독립운동사연구소; 홍순권, 2011, 「한말 경남지역 의병운동과 일본군의 의병 학살」, 『군사연구』 131, 육군본부 군사연구소; 홍순권, 2013, 「한말 일본군의 의병 진압과 의병 전술의 변화 과정」, 『한국독립운동사연구』 45, 독립기념관 한국독립운동사연구소 등을 참조함.

2

일본의 '조선' 식민지 지배 성격과 특징

일본 제국주의의 두드러진 특징은 영국과 미국(프랑스·독일·러시아) 등 서구 (제국주의) 열강에 종속된 '종속적 제국주의'에서 독일의 사례와 유사한 유럽 제국주의의 형식을 매우 근접하게 따라가는 것이다. 즉 초기 단계에는 다른 유럽(혹은 미국) 강대국들의 제국주의에 종속되고 의존하는 모습을 보였다. 그러나 일본 제국주의 세력의 고도화와 팽창에 따라 1930년대 이후에는 오히려 영국·미국 등과 대립하게 되었다. 역설적이게도 그로 인해 일본 제국주의는 결국 패망의 길을 걷고, 한국은 식민지 체제에서 벗어나 독립할 수 있었다.

일본의 식민지 '조선' 통치방침은 한국인들의 자치나 자율을 일체 허락하지 않는 직접 통치, 한민족 말살, 일본인으로 동화(同化)시키는 것이었다. 식민지 통치기구인 '조선총독부'를 설치하고 육군이나 해군 장성 출신의 조선총독을 임명하여 일본 정부당국의 식민지 수탈과 전쟁

조선총독부 초기 건물 출처: 이정은, 2018, 『일본제국주의는 3·1운동을 어떻게 탄압했나?』, 독립기념관, 19쪽

식민지 '조선' 지배와 수탈의 총본산이었던 조선총독부 건물(1930년대 초) 출처: 서울역사박물관

동원을 위해 한국인들의 저항과 독립운동을 무자비하게 탄압하였던 것이다. 군·경찰 등 군사력이나 공권력이 식민지 통치를 뒷받침하였다. 1910년 8월 29일부터 1945년 8월 15일까지 만 35년에 이르는 일본의 '조선' 통치는 대체로 4단계로 구분할 수 있다. 일본은 식민지 통치기간 구 대한제국의 영토였던 한반도를 구 조선왕조의 이름대로 '조선(朝鮮)'으로 낮추어 불렀다.

이하 일제강점기 일본 제국주의 주도 세력(조선총독부와 일본 정부 등)의 식민지 '조선' 지배의 성격과 그 특징을 간단히 정리해보기로 한다.

일본의 한국 지배와 수탈의 기본 성격은 명확하였다. 즉 한국을 식량과 원료·값싼 노동력의 공급지, 상품의 판매시장, 과잉인구의 배출지, 1930년대 이후 잉여자본의 투기지와 군수공업 기지, 대륙 침략의 교두보와 일본 방위의 전초기지로 활용하는 것이었다. 주목할 사실은 일제강점 말기에 한국인들을 강제로 전쟁에 동원하는 인적 수탈을 대규모로 강행하였다는 점이다. 총독부는 1938년 4월 「국가총동원법」을 공포하고 이듬해 7월 「국민징용법」을 발표했다. 또한 1939년에 '노무동원 계획'을 발표했는데, 이는 한국인 노동자를 일본 등지의 탄광·광산 노동·토목 공사 등 위험한 육체노동이 요구되는 중요 산업 부문에 배치할 것을 규정하였다. 이때부터 한국인의 강제연행이 시작되었다. 1939~1945년까지 72만 5,000여 명을 강제연행하였다. 그리고 1938년 8월부터 '육군 특별지원병령', 1944년부터 '징병령'을 실시하였다. 1953년 5월 일본 후생성이 조사한 바로는 약 22만 5,000여 명의 한국인이 군인이나 군속으로 동원되었다. 그러나 실제로는 이보다 훨씬 많은 것으로 추정된다.

징용·징병·학병·근로정신대·일본군'위안부' 등으로 끌려간 한국인들의 정확한 수는 제대로 파악되지 못하고 있다. 1965년 한일협정 때 한국 정부는 103만 2,684명에 대한 청구권 자금으로 총 3억 6,400만 달러의 배상을 일본에 요구한 것으로 밝혀졌다. 이는 최대 400만여 명에 달할 것으로 추산되는 강제동원 피해자 수에 비하면 훨씬 적은 것이다.

그런데 일제가 한국인의 인권을 유린하고 탄압했으며, 일제의 강제연행이나 동원, 일본군'위안부' 등의 징발에 상당수의 한국인이 개입된 사실이 밝혀지고 있다. 그러나 아직 양심선언이나 자기비판 등의 형식으로 이러한 사실을 솔직히 고백하고 용서를 구한 경우는 거의 없다. 따라서 추후 이들을 추적하여 가능한 방식으로 정리하는 작업도 필요하다. 일제의 한국 강점이 끼친 유형·무형의 부정적 유산은 매우 많다. 그 가운데서도 가장 큰 부정적 유산으로 남북 분단 문제를 들 수 있다. 아직도 우리는 통일을 이루지 못하고 있다.

1910년대 무단통치기 조선총독부 교육정책 수립의 실무자였던 구마모토 시게키치(隅本繁吉)는 류쿠(琉球, 오키나와)나 타이완(臺灣)과 달리 '조선인'의 철저한 동화는 불가능하다고 보고 우선 차선책으로 '조선민족의 순량화(順良化)'를 주장하였다. 그는 한민족의 동화의 개념을 "일본 민족의 언어·풍속·습관 등을 채용·모방시키고, 더 나아가 일본 민족의 충군애국 정신을 체득시키는 것"으로 정의하였다. 그러나 시일이 흐르면서 이러한 동화 불가능론의 논리도 변화하여 다양한 식민지 동화정책이 추진되었고, 식민지 '조선'의 조선인들은 결국 국어(=일본어) 상용은 물론 '창씨개명'까지 강요받기에 이르렀다.

식민지 조선의 실질적 통치자이자 우두머리인 조선총독은 일본 천황

▎1905년 일본군의 한인 학살 출처: 『독립기념관 전시품 도록』, 1995, 66쪽

이 직접 임명하는 친임관으로 육·해군 대장 가운데서 선임되었으며 일본 천황 직속이었는데, 절대적 권한을 가졌다. 일본 헌법에 직접 속박되지 않는 총독은 조선 주둔 육·해군에 대한 통솔권, 본국의 법률에 대신하는 제령(총독의 명령)을 시행할 권한, 행정 일반에 대한 정무통리권(政務統理權), 사법부를 포함한 하급관청에 대한 지휘감독권 등이 있었다. 이는 일본의 내각 수상조차 미치지 못하는 권한으로 '소천황'으로 불릴 정도로 막강한 권한이었다. 실제로 역대 총독들은 수상 후보급의 유력자가 임명되었고, 총독을 거쳐 일본 정부의 수상을 지낸 자도 3명이나 되었다.

한국에서 일본의 식민지 지배에 대한 연구는 기본적으로 일본의 식민지 – 한국 – 통치가 매우 부정적 영향을 끼친 것으로 본다. 대체로 식민지 수탈론의 입장에 선 평가라고 할 수 있다.

일본의 '조선' 식민지 지배와 그 피해

35년 동안 일본의 '조선' 식민지 지배는 많은 부정적 유산을 남겼다고 평가할 수 있다. 흔히 철도와 도로, 항만 등 기본 사회시설, 학교와 교육, 보건위생 등을 '개발'로 인정해야 하지 않느냐는 견해가 있다. 그러나 거의 일본 식민지 통치 당국이나 관련 기관, 단체, 일본인들이 이 시설들을 설치·이용하거나 과실을 독점하였고, 대부분의 식민지 민중 – 한국인 – 들은 주체에서 배제되거나 소외되었다. 한국인들에게 차별과 억압, 동원과 수탈은 기본 흐름이었다. 강제동원과 징용·징병, 근로정신대와 일본군'위안부', 창씨개명 등이 이러한 사실을 증명하고 있다. 육체적·정신적·물적 피해는 가늠할 수조차 없을 것이다.

일본의 식민지 지배가 없었더라면 우리 스스로 개혁하고 자주적으로 발전할 수 있었을 것이다. 해방 이후 지금까지 우리나라가 거쳐온 발전 과정을 되돌아보면 이 문제는 자명해진다. '독립'과 '자주'의 진정한 가치는 바로 여기에 있다. 우리 스스로가 주인이 되어 우리에게 닥친 문제를 우리의 안목으로 해결할 때 문제가 해결되고 발전할 수 있었던 것이다. 실제로 일본 동경대학의 한 양심적 교수는 '자율적 발전 기회의 박탈'이야말로 일본인들이 가장 심각하게 인식해야 한다고 주장하였다.

예를 들면 조선총독부나 일본 정부 당국은 식민지 '조선'에도 경성제국대학을 세워 고등교육을 시행하고 있다고 선전했다. 그러나 경성제국대학은 한국인이 아니라 일본과 일본인, 조선총독부를 위해 설립되고 운영된 식민지 대학이었다. 입학생과 졸업생들의 2/3는 일본인이었고, 한국인은 1/3에 불과했다. 또 이 대학에 한국인 교수나 직원은 거의 없었다. 경성제국대학 부속병원이나 조선총독부 설립 병원 역시 일본인을 위해 설립되고 운영되었다. 경성제국대학이나 총독부에서는 소수의 한국인들에게 무료 의료혜택을 주면서 이를 크게 선전하였다. 그러나 기본적으로 주요 의료시설이나 공공기관은 주로 일본인을 위해 설립·운영되었다.

한편 마쓰모토 다케노리(松本武祝) 도쿄대학 교수는 한·일 양국의 교과서 서술에서 일상생활 서술의 필요성을 강조하였는데, 최근 한국 교과서는 그러한 흐름을 일부 반영하고 있다. 또한 그는 "과연 일본의 식민지배는 조선을 잘살게 했나?"라는 질문에 대해 오히려 조선에서 일본으로 유출된 자금이 훨씬 많았을 것이라고 하며, 그러한 주장을 반박하였다. 그는 일부 일본인들의 그릇된 인식을 바로잡는 서술을 통해 한일 양국의 진정한 상호이해에 기여했다.

일제의 한인 학살 진상 규명 필요성

1910년 전후부터 1945년 8월 15일 일본 제국주의의 패망 전후 시기, 즉 일제강점기에 일본군이나 일본 경찰, 일본 민간인 등이 자행한 한국인 학살 사례는 부지기수이다. 그러나 안타깝게도 이러한 참혹한 피해의 진상은 제대로 규명되지 않았고, 제대로 교육되지도 않았으며, 심지어는 왜곡되거나 무시되기도 했다.

1986년 미국에서 출판되고, 2005년 한국에서 번역 출판된 『요코 이야기』는 일본인들이 오히려 한국인들에게 피해를 입은 것으로 묘사해 큰 문제가 되었다. 또한 2019년 『반일종족주의』라는 문제의 책 편찬을 주도했던 이영훈(전 서울대 교수)은 일제가 한국인을 광적으로 학살하는 장면이 역사적으로 실재하지 않은 터무니없는 조작이라고 단정하고, 식민지 시대에 관한 한국의 역사학 자체가 '반일종족주의'에 기반을 두고 있다는 터무니없는 주장을 펴기까지 했다.

그러나 일제강점기 국내외 각지에서 일본 군경이나 민간인들이 인종적 편견이나 헛소문, 과도한 군국주의적 사고방식과 천황에 대한 맹목적 충성 의식 등으로 한국인(조선인)들을 학살하는 만행을 저지른 사례는 무수히 많았다. 근래 확인된 대표적 사례만 보아도 1945년 8월에 중국 해남도(하이난섬)에서 한인 1,200여 명 대학살, 일본 오키나와에서 일본군의 한국인 학살*, 사할린 미즈호 마을과 가미시스카 경찰서에서 일본 군경, 민간인들의 한국인 학살 사례** 등이 확인되었다. 물론 국내에서도 동학군·의병 탄압과 3·1운동 탄압 과정에서 많은 학살사건이 일어났다.

3,500여 명에 달하는 많은 한인이 학살된 1920년 말의 '간도대학살

* 조중태, 1985, 「日軍의 오끼나와 韓國人 虐殺記」, 『신동아』 1월호; 동아일보사 및 趙重泰(岩橋春美 譯), 1986, 『日本軍の沖繩における韓國人虐殺の記錄』, 戰爭への道を許さない女たちの彬並の會事務局, 東京: 北陽工房 참조.

** 꼰스딴찐 가뽀넨코, 장한나 역, 2015, 『사할린 미즈호 마을의 비극』, 새문사 참조.

(간도참변, 혹은 경신참변)', 1920년 4월 초 러시아의 블라디보스토크와 우수리스크 등지에서 일본군에 의한 4월참변, 1923년 9월 초 일본 관동대지진 당시 한인 6,600여 명 학살, 1919년 3·1운동 탄압 시 자행된 수원 제암리 사건(4.15), 평안남도 맹산 3·1운동 탄압사건(3.10) 등은 일본 군경이 저지른 대표적 학살사건이다. 특히 제암리 학살보다 한달가량 먼저 발생한 맹산 3·1운동 탄압사건은 잘 알려지지 않았지만, 3·1운동사에서 단일 시간·장소 기준으로 가장 많은 희생자가 발생한 사건이었다. 3월 10일 일본 군경의 무차별 총격으로 맹산군 시위 현장에서 무려 51명이 즉사하고 말았던 것이다.

최근 일본 정부와 다수 일본 국민의 우경화 추세, 그리고 일부 한국인들의 그릇된 역사인식을 목도하면서 일제 침략세력이 자행한 한인 학살의 진상을 사실대로 서술함으로써 역사적 진실을 규명하고, 그 시사점을 간단히 정리해보고자 한다.

3

조선총독부 경찰과 조선 주둔 일본군'의 3·1운동 탄압

국가기록원은 2014년 2월 말 3·1운동과 일본 관동대지진 때 한인 학살 피해에 관한 주목할 만한 자료를 공개하여 추후 이 분야 연구 촉진의 한 계기를 마련했다. 최근 발굴, 수집한 모든 자료를 공개한 것은 아니지만, 자료 공개가 더욱 활발히 이루어질 경우 한국 근현대사 연구에 큰 도움이 될 것으로 전망한다.

3·1운동 당시 일제, 즉 조선총독부와 일본 정부 당국의 무력 탄압으로 한인들이 어느 정도의 피해를 입었는지 정확히 파악하기는 어려운 실정이다. 저명한 민족주의 사학자이자 대한민국 임시정부 대통령을 지낸 박은식(朴殷植)은 『한국독립운동지혈사(韓國獨立運動之血史)』에서 1919년 3월 1일부터 5월 말까지 사망 7,509명, 부상 1만 5,961명, 투옥자 4만 6,948명이었다고 구체적으로 기록했다. 하지만 이러한 피해의 구체적 실상은 아직 파악되지 못하고 있다.

2014년 공개된 주요 자료는 『3·1운동 시 피살자 명부』(1권 645명), 『일본 진재 시 피살자 명부』(1권 290명), 『일정(日政) 시 피징용(징병)자 명부』(65권 22만 9,781명) 등이었다. 이 자료는 1952년 12월 일제강점기 한국인들의 피해 상황을 조사·보고하라는 이승만 대통령의 지시로 1953년 작성한 것이다. 오랫동안 주일대사관에 보관되어 왔다가 최근 공개되었다. 6·25전쟁 와중에도 한인 학살 피해를 조사한 사실을 확인할 수 있다.

이하 주요 자료 내용과 사진 등을 제시해본다.

〈보고1〉 주일대사관이 발견한 과거사 명부(2013.11.19 정리 당시)

□ 주일대사관이 발견한 명부의 지역별 통계

명부	권수(권)	매수(매)	지역(명)									
			경기(서울 포함)	강원	경북	경남	충북	충남	전북	전남	제주	총합
3·1운동 피살자	1	217	169	11	39	230	28	72		81		630
일본 진재(震災) 피살자	1	109	5	8	80	189	1	7				290
일정 시 피징용(징병)자	65	18,322	28,762	6,195	55,847	46,253	26,124	23,450		41,431	1,719	229,781
총합	67	18,648	28,936	6,214	55,966	46,672	26,153	23,529		41,512	1,719	230,701

□ 기존 명부와의 비교

구분	국내 작성본 (왜정 시 피징용자 명부)	일본 정부 이관본	주일대사관 발견본		
			3·1운동 피살자 명부	진재 시 피살자 명부	피징용(병) 명부
작성 시기	1957~1958년	1971(1차)~1993년(5차)	1953년경	1953년경	1953년경
구성	20권	544권 26롤	1권 217매	1권 109매	65권
등재 인원	285,771명	약 48만 명	630명	290명	229,781명
기재 항목	성명, 나이, 주소, 징집기간, 현주소, 연행지 등	성명, 생년월일, 본적, 연행(사망)지, 합사(合祀) 여부, 사망 여부, 공탁금 여부 등	성명, 나이, 주소, 순국일시/장소, 순국상황 등	성명, 본적, 나이, 피살일시/장소, 피살상황 등	성명, 생년월일, 주소 등
사료적 가치	우리 정부 작성 피징용자 명부 중 유일한 기록	-	국·내외에서 미발견된 최초의 피살자 명부	관동대지진 시 피살된 구체적 희생자 명단	정부 작성 피징용자 명부 중 최고(最古) 원본

〈보고2〉 명부 작성 경위

□ 제109회 『국무회의록(임시회의)』(1952.12.15)

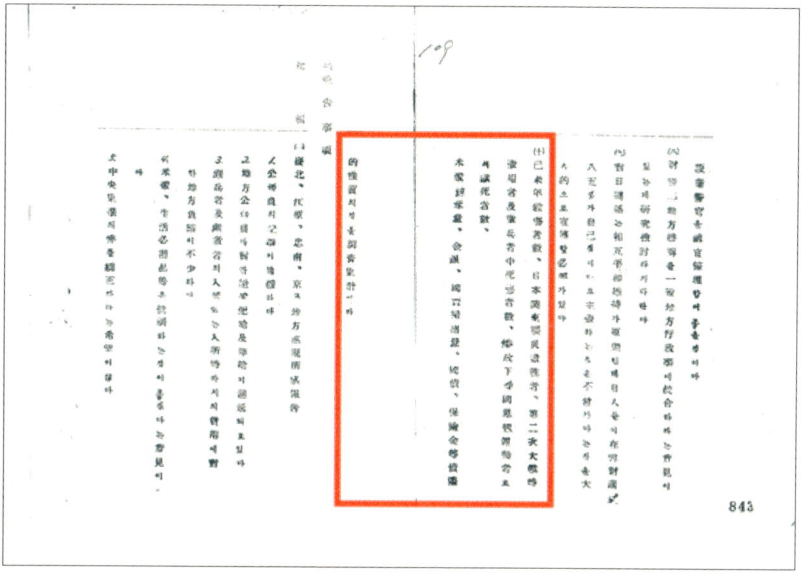

〈대통령 유시(諭示)사항〉

(10) 기미년(己未年) 살상자 수, 일본 관동 진재(震災) 희생자, 제2차 대전 시 징용자 및 징병자 중 사상자 수, 왜정하 애국사상운동자로서 옥사자수 … 등 조사 집계하라.

1919년 3·1운동 당시 덕수궁 앞 시위 행렬 출처: 『독립기념관 전시품 도록』, 1995, 96쪽

종로 일대에서 3·1운동 만세 시위 광경 출처: 『독립기념관 전시품 도록』, 1995, 97쪽
군중들이 광화문 방면으로 달려가고 있다.

〈보고3〉『3·1운동 피살자 명부』 사례

❶ 충남 천안군

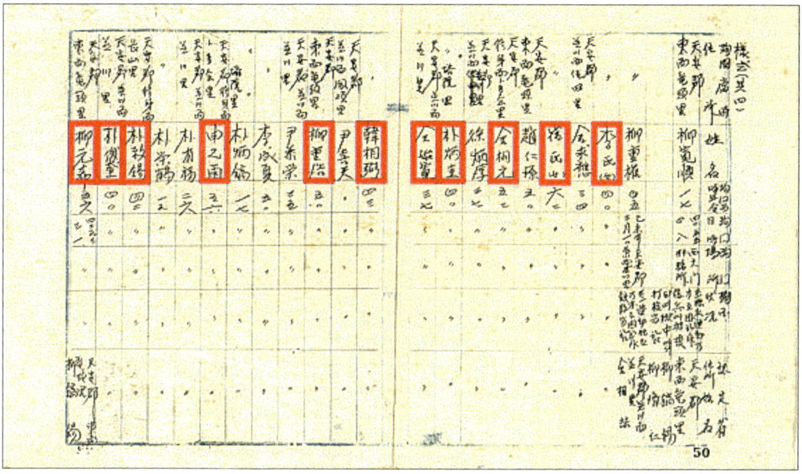

□ 충남 천안군 3·1운동 피살자 현황

출처: 국가기록원

연번	성명	독립유공자 서훈 (年)	연번	성명	독립유공자 서훈 (年)
1	유관순	독립장(1962)	9	박병규	미확인
2	유중권	애국장(1991)	10	전시관	미확인
3	이씨(여)	미확인	11	한병필	미확인
4	김구응	애국장(1991)	12	윤희천	애국장(1991)
5	최씨(여)	미확인	13	유중호	미확인
6	조인원	애족장(1990)	14	윤태영	애국장(1991)
7	김상원	미확인	15	이성하	애국장(1991)
8	서병순	애국장(1991)	16	박병호	애국장(1991)

17	신공우	미확인	24	진영식	미확인
18	박유복	애국장(1995)	25	김영호	미확인
19	박영학	애족장(1991)	26	남기석	미확인
20	박치석	미확인	27	김세철	미확인
21	박후규	미확인	28	김언장	미확인
22	유원제	미확인	29	김교선	애족장(1990)
23	이소제	애국장(1991)	–	–	–

※ 29명 중 13명 독립유공자 서훈, 16명 미확인

❷ 충남 예산군

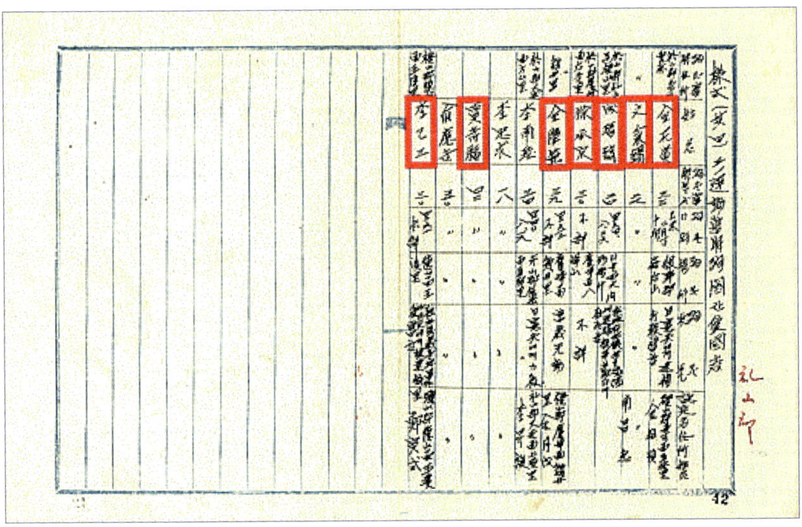

□ 충남 예산군 3·1운동 피살자 현황 출처: 국기기록원

연번	성명	독립유공자 서훈(年)	연번	성명	독립유공자 서훈(年)
1	김재현	미확인	6	이남규	독립장(1962)
2	문병석	미확인	7	이충구	애국장(1991)
3	성진호	미확인	8	고수복	미확인
4	서승종	미확인	9	유응길	애족장(2008) *김응길
5	김학범	미확인	10	이기삼	미확인

※ 10명 중 3명 독립유공자 서훈, 7명 미확인

〈보고4〉『3·1운동 피살자 명부』 사례

□ 유관순 열사 일가족 순국 사례

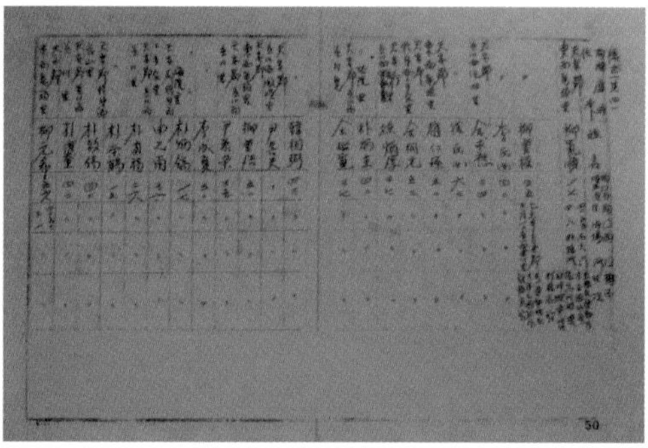

출처: ⓒ 장세윤

순국 당시 주소	성명	나이	순국 당시 장소	순국 일시	순국 상황
천안군 동면 용두리	유관순	17	서대문 형무소	1922년 4월 8일	3·1독립운동 만세로 인하야 왜병에게 피검되어 옥중에서 타살당함
천안군 동면 용두리	유중권	45	병천명 병천리	기미년 3월 1일	3·1운동 독립만세로 인하야 총살당함
천안군 동면 용두리	이씨(여)	40	병천명 병천리	기미년 3월 1일	3·1운동 독립만세로 인하야 총살당함

※ 유관순 일가 피살 사례 조사 내용: 위의 표는 유관순과 유중권(유관순의 아버지), 이씨(유관순의 어머니)의 사망 사례를 조사하여 정리한 것이다.

□ 수원 제암리 집단학살 사례

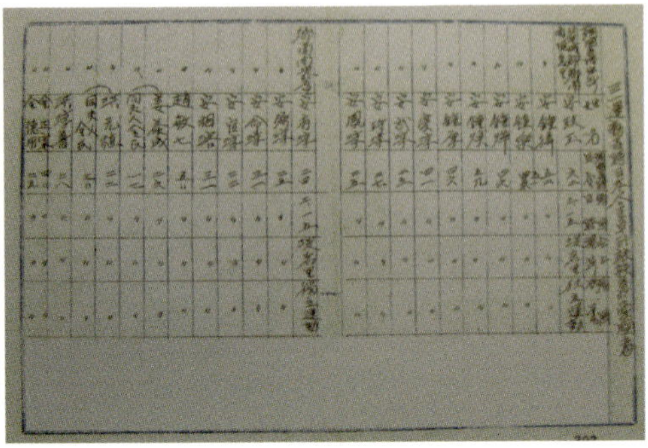

출처: ⓒ 장세윤

순국 당시 주소	순국 당시 장소	순국 일시	순국 상황
화성군 향남면 제암리	제암리	3월 15일	독립 운동

※ 1919년 3 · 1운동 당시 가장 대표적인 학살 만행의 사례로 꼽히는 수원 제암리 학살사건을 조사한 내용이다.

3·1운동 때 학살된 여학생

ⓒ 스코필드

3·1운동 때 한국인 시위군중을 탄압하는 기마경찰 출처: 이정은, 2018, 앞의 책, 91쪽

3·1운동 때 희생된 문용기의 피 묻은 옷 출처: 『독립기념관 전시품 도록』, 1995, 101쪽

국가기록원이 2014년 2월 27일(목) 공개한 '3·1운동 판결문'을 보면 3·1운동 때 일본 헌병의 총격으로 충북 옥천의 만세시위 현장에서 1명이 즉사한 사실을 알 수 있다(아래 판결문 원문 사진 참조). 다만 당시 어려운 여건 때문에 이 자료들의 정확성은 다소 떨어진다.

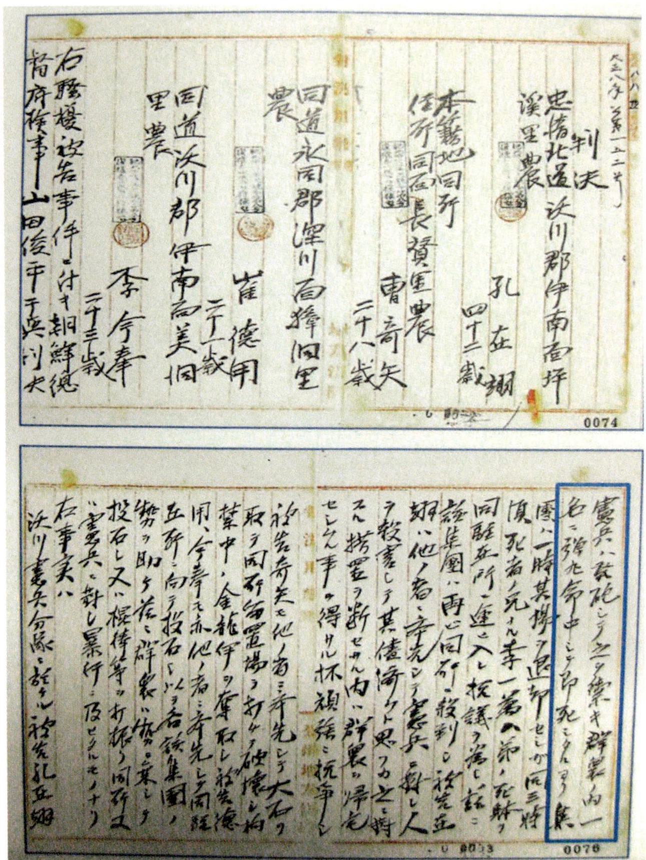

공재익·조기시·최덕용·이금봉의 판결문 원문(일부)

4

일본군의 수원 제암리 학살사건

과거 일본 정부나 일본군, 식민지 통치기관인 조선총독부는 한국 침략과 통치, 독립운동 탄압, 한국인 학살이나 강제동원 등에 대한 왜곡된 주장이나 허위 사실을 국내외에 유포하였다. 일본은 1910년 8월 대한제국을 강제로 병합한 이후 식민지 통치기관으로 조선총독부를 설치하고 이른바 '무단통치'를 실시해 저항세력을 탄압하고 가혹한 수탈을 자행하였다. 그런데 주목할 점은 그들의 식민지 통치를 선전, 미화하고 한국인들의 저항의식을 말살하기 위해 여러 언론기관을 설치하여 운영하였다는 사실이다.

한편 1923년 9월 일본 관동 지방에서 대지진이 일어나 적어도 6천여 명 내외의 한국인들이 학살되었지만, 조선총독부와 일본 정부는 사실을 은폐하고 외국에 대해서도 왜곡된 선전을 일삼아 문제가 되었다. 일제가 사실을 왜곡하고 그들의 통치를 합법화한 사례는 공식적인 관변자료 외에 개인의 일기나 편지, 회고록, 증언 등 여러 곳에서 찾아볼 수 있다. 따라서 우리가 일본(정부)의 왜곡된 주장을 비판하고 반박하기 위해서는 이러한 다양한 자료를 발굴·활용할 필요가 있다.

▎조선군사령관 우쓰노미야 다로
출처: 『일본육군과 아시아정책』 1, 2007 ⓒ 장세윤

이러한 좋은 사례로 최근 발굴·공개된, 조선군사령관 우쓰노미야 다로(宇都宮太郎, 1861.12.23~1922.2.14)가 남긴 일기를 들 수 있다. '조선군'이란 일본의 식민지 '조선'에 주둔하는 일본 육군을 말한다. 당시 '조선군'은 함경북도 나남 일대에 주둔하는 제19사단과 서울 용산 일대에 주둔하는 제20사단, 헌병대, 부속부대 등 대규모 병력으로 구성되었다. 2007년 2월 28일 자 일본의 아사히 신문은 매우 주목받은 내용을 보도하였다. 이 신문의 "3·1독립운동의 진압을 상술(詳述), 조선군사령관의 사료 발견"이란 기사 제목과 주요 내용은 3월 1일 자 국내 언론에도 대서특필되었다.

우쓰노미야 다로는 B5 사이즈의 일기본 15권에 달하는 많은 분량의 일기를 남겼는데, 이 일기는 1900년, 1907~1916년, 1918~1921년까지 모두 15년분이다. 그는 무장답지 않게 일기 이외에도 서간 5,000여 통, 서류 2,000여 점 등 방대한 기록을 남겼다. 그의 일기는 일본의 대표적 출판사 중 하나인 이와나미쇼텐(岩波書店)에 『일본육군과 아시아정책』

이라는 제목으로 2007년 세 권의 책으로 출판되었다.

그는 일기에서 한국인들이 일본의 식민지 지배에 저항하는 것은 당연하다는 심정을 토로하였다. 그러나 1919년 3월 1일 이후 전국 각지에서 대규모 시위운동이 일어나자, 이에 대해 적극적으로 무력탄압할 것을 지시하였다. 이 과정에서 악명을 떨친 수원 제암리 학살사건이 일어났다. 일본 육군중위 아리타 도시오(有田俊夫)가 이끄는 일본군이 4월 15일 무고한 한국인 30여 명을 학살하는 만행을 일으켰던 것이다.

우쓰노미야는 1919년 4월 18일 자 일기에서 이 사건을 은폐·왜곡한 사실을 다음과 같이 기록하였다.

"예수교도, 천도교도 30여 명을 예수교회당 안에 집결시켜 두세 번 문답 끝에 32명을 죽이고, 교회 및 민가 20여 호를 불태워버린 진상을 알게 되다. (중략) 사실을 사실로서 처분하면 가장 간단하지만, 그렇지 않아도 독필(毒筆)을 휘두르고 있는 외국인 등에 학살 방화를 자인하는 것이 되어, 제국의 입장은 심히 불이익이 되고, 한편으로는 조선 내의 폭민(暴民, 독립운동 세력)을 증장시키고 또 진압에 종사하고 있는 장졸(將卒)에게 의혹의 생각을 불러일으키는 불리가 있으므로, (학살된 한국인들이) 저항했기 때문에 살육한 것으로 하여 학살 방화 등은 인정하지 않기로 결정하고 밤 12시에 산회(散會)하다."

참으로 어처구니없게도 이 사건의 주범 아리타 중위는 겨우 '근신 30일'이라는 처분을 받아, 사실상 무죄처분을 받은 것이나 다름없었다. 이사태의 최종 책임이 조선군사령관 우쓰노미야 다로에게 있음은 너무나

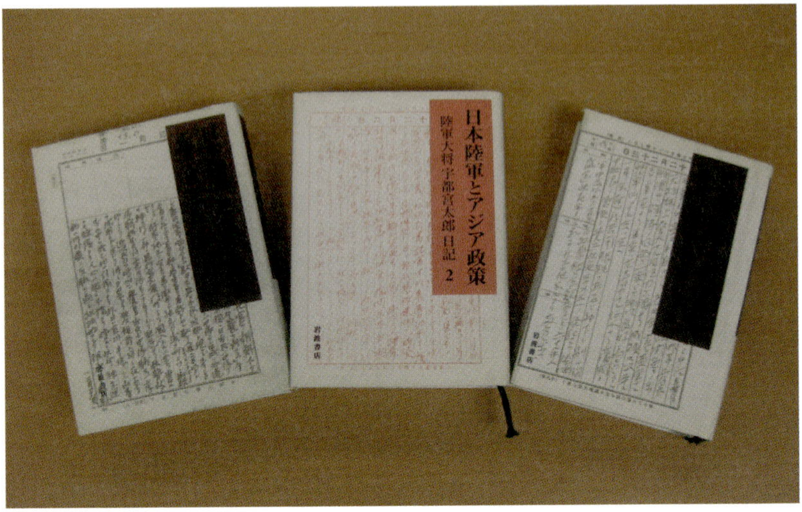

일본 이와나미쇼텐에서 발간한 우쓰노미야 다로의 일기 『일본육군과 아시아정책』 1·2·3 출처: ⓒ 장세윤

당연한 것이었다.

우쓰노미야는 3·1운동 이후 만주(중국 동북) 지역, 특히 북간도(현재 중국 연변 지역)에 근거를 둔 독립군이 압록강·두만강을 넘나들며 일본 군경을 습격하는 사태가 일어나자, 이를 방관할 경우 일본의 식민지 지배가 어려워질 것으로 판단하였다. 이에 따라 그는 중국 동북의 봉천군벌(奉天軍閥)과 협의하고 일본군을 중국 영토로 출동하도록 하며 한민족 독립군 부대 '토벌' 계획을 적극 주도하였다. 그는 1920년 6월 초 야쓰가와(安川) 월강(越江) 추격대를 조직하여 홍범도 독립군 부대가 주둔하던 중국 연변(북간도)의 봉오동에 불법침입케 했는데, 이들은 독립군 부대에 대패하게 된다. 한국 독립운동사에서 유명한 '봉오동전투(1920.6.7)'이다. 그는 이 사건 관련 내용도 일기에 기록하였다(1920.6.7~1920.6.12).

그는 소위 '간도 지방 불령선인 초토계획' 수립에 결정적 역할을 했지만, 1920년 8월 조선군사령관에서 물러나 그 결말은 지켜보지 못했다. 이를 계기로 일본군은 이해 10월에 대거 연변(북간도) 지역에 침입하여 독립군 부대를 추격하게 되었다. 하지만 김좌진·홍범도 등 독립군 부대가 '청산리' 일대에서 일본군을 상대로 격전을 치러 큰 승리를 거둔 사실은 널리 알려져 있다.

그가 남긴 방대한 자료가 일본 학계에 알려지고, 본격적으로 조사·연구되기 시작한 것은 2002년 1월이었다. 그의 일기는 한일 관계는 물론, 일본 군부 내의 소위 '쬬슈벌(長州閥)'과 '사가벌(佐賀閥)'의 대립, 중일 관계 등 아시아 전반에 걸친 폭넓은 내용을 기록하고 있다는 점에서 사료적 가치가 매우 크다. 따라서 폭넓은 검토와 연구가 필요하다. 특히 우리가 관심을 갖고 주의 깊게 연구해야 할 부분은 이 일기에 나오는 한국(조선) 관련 내용이 될 것이다. 실제로 이 일기에는 한국이나 한국인(조선인) 관련 내용이 적지 않게 언급되고 있다. 그는 일기에 군사 관련 사항은 물론, 친일파 밀정 등 한국인들을 대상으로 한 회유공작 등의 실상도 숨김없이 기록하였다.

특히 그는 중국 상하이(上海)에 수립되어 활동하고 있던 대한민국 임시정부의 해산공작을 위해 친일파 밀정 이희간(李喜侃)을 2천 엔이라는 거액을 주고 매수하여 각종 비밀공작을 추진한 사실도 숨김없이 기록하였다. 1919년 10월 6일 자 일기에는 "(조선의) 독립분리는 대국(大局)상 절대로 불가하다", "상하이가정부(上海假政府, 일본 당국자는 임시정부를 이렇게 낮추어 지칭함) 이하를 해산할 것" 등의 지침을 주고 임시정부 해산운동 등 각종 독립운동 와해공작을 추진한 사실도 숨김없이 기록하였다.

일본군의 학살로 폐허가 된 수원 제암리에 있는 초가 ⓒ스코필드

일본군의 잔혹한 학살로 피해를 입은 수원 제암리의 한 부녀 ⓒ스코필드

1919년 4월 15일 수원 제암리에서 발생한 일본군의 잔혹한 학살은 3·1운동 진압 중에 일어난 유일한 참상이거나 가장 가혹한 행위가 결코 아니었다. 다만 외국인 선교사와 외교관이 현장조사를 했기 때문에 해외 언론에 소개되어 일본 제국주의 3·1운동 탄압의 상징적인 사례가 된 것이다. 제암리 학살사건은 식민지 조선에 주둔한 일본군과 조선총독부의 증병 요청에 따라 일본에서 파견된 '임시조선파견 보병대대'가 자행한 것이며, 군대 증파의 목적은 한인들의 시위에 위압감을 주어 상황을 조기에 진정시키기 위한 것이었다. 1919년 4월 15일 보병 제79연대 아리타 도시오 중위는 수원군 발안장터 부근 제암리에서 기독교도, 천도교도 30여 명을 교회 안에 모아서 사살하고, 교회 및 민가 20여 채에 불을 질렀다.

이 사건은 서울(당시 경성) 주재 미국인 선교사 언더우드 일행과 영국인으로 캐나다 선교사인 스코필드에 의해 현장 조사가 이루어졌고 사진도 촬영되었다. 이들의 보고서는 외교관 보고서에 첨부되어 본국에 보고되었다. 그러나 사망자 수와 화재 피해 가옥 수는 자료마다 다르게 나타나며, 우쓰노미야 조선군사령관이 보고한 사망자 32명, 피해 가옥 28채가 가장 사실에 가까운 것으로 판단된다. 조선군사령관과 조선총독은 학살사건이 외국인 선교사들에게 알려지자 육군대신과 척식국(拓植局) 장관, 일본 수상에게 보고하는 한편, 사건 은폐 및 축소를 도모했다. 학살사건 책임자인 아리타 중위는 군법회의에 회부되었으나, 8월 21일 조선군 용산군법회의 판결에서 무죄 판결을 받았는데, "피고의 행위는 훈시 명령을 오해한 데서 나온 정당한 폭동 진압의 임무"로서 "피고는 임무수행상 필요한 수단으로서 당연히 해야 할 일이라고 확신"하여 '과실

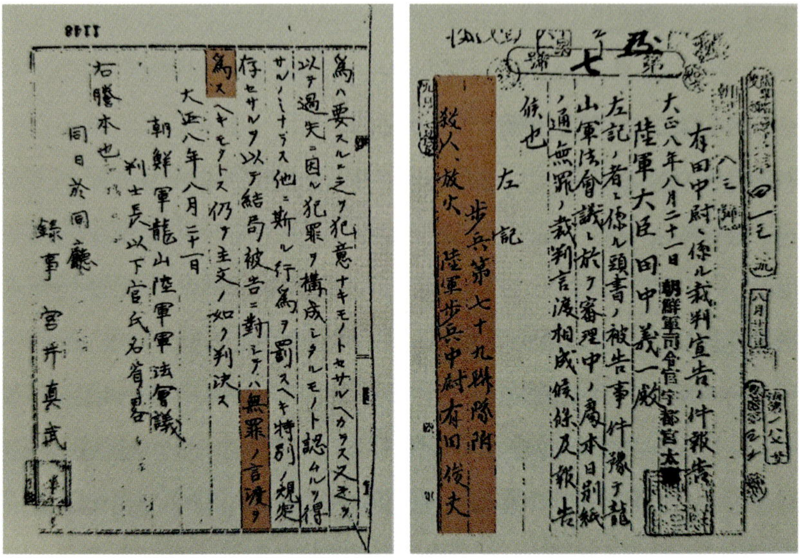

제암리 학살사건에 대한 아리타 중위 판결문 출처: 이정은, 2018, 앞의 책, 77쪽
학살 책임자인 아리타 중위에게 무죄를 선고했다.

에 의한 범죄'를 저질렀기 때문에 무죄라는 것이었다.

한편, 이 사건의 상급 책임자인 조선군사령관 우쓰노미야 다로를 비롯한 조선군 관계자, 조선총독 등은 모두 이 문제와 관련하여 사의를 표명했지만, 사직 처리되지 않고 반려되었다. 일본 당국은 하세가와 요시미치(長谷川好道) 조선총독에 대해 '조선소요 사태'에 대해서는 공식적으로 책임이 없음을 선언하면서, '고령'으로 인한 자발적 사임으로 처리하였다. 제암리 학살사건은 일본 제국주의의 식민지 지배정책과 3·1운동 탄압의 잔혹성을 보여주는 대표적 사건이지만 정확한 진상 규명이 아직 이루어지지 못했다는 점에서 학계의 심층적 조사 연구가 필요한 실정이다. 이처럼 일본 당국이 사실을 왜곡하고 그들의 통치를 합법화한 사례는 많다.

그러나 아쉽게도 아직까지 한국학계에서 우쓰노미야 다로의 일기를 본격적으로 고찰한 연구 성과는 거의 없는 것으로 파악된다. 한국 근대사나 한일 관계사, 혹은 중일 관계사나 국제관계, 정치학이나 군사(軍史) 전공 학자들도 관심을 갖고 치밀한 연구를 진행할 필요가 있다.

5

충남 천안 병천(아우내) 3·1운동 탄압과 학살

2019년 3·1운동 및 대한민국 임시정부 수립 100주년을 맞이하여 '유관순 열사'가 부활하는 듯했다. 유관순이야말로 3·1운동의 상징(아이콘)이자 대명사이기 때문이다.

이에 따라 각종 언론과 학술회의, 기획 행사 등에서 유관순 열사를 조명하는 기회가 많았다. 특히 2019년 2월 말에 유관순 열사를 모티프로 한 영화 〈항거: 유관순 이야기〉가 개봉해 상당히 좋은 반응을 불러일으켰다. 적은 예산이 투입된 영화치고는 꽤 많은 115만여 명의 관객을 끌었다. 정부에서도 이해 2월 말에 유관순 열사의 보훈 훈격을 높여 종전의 독립장(3등급)보다 높은 최고등급인 '대한민국장'을 추서했다. 이러한 현상은 3·1운동 100주년이라는 특정 계기가 없었더라면 거의 불가능한 일이었다고 본다.

유관순! 유관순 열사! 유관순 누나, 유관순 언니!

유관순 열사는 1902년 12월 충청남도 천안군 병천(竝川, 아우내)에서 태어나 악명 높던 서대문형무소에서 1920년 9월, 만 18세의 짧은 생을 마감하고 말았다.

우선 10년 전에 공개된 목천 3·1운동과 유관순 열사의 경성복심법원(지금의 서울 고등법원) 판결문의 주요 부분을 소개해본다.

"피고 유관순은 경성(京城)에 있는 이화학당 생도인데, 대정 8년(1919년~필자) 3월 1일 경성에서 손병희 등이 조선독립의 선언을 발표하고 단체를 만들어 조선독립 만세를 외치고 독립시위운동을 하고 있음을 보고, 같은 달 13일 고향으로 돌아와 같은 해 4월 1일 충청남도 천안군 갈전면 병천(竝川, 아우내)시장의 개시(開市)를 이용하여 조선독립 시위운동을 할 것을 계획하고, 자택에서 태극기를 만들어 이를 휴대하고, 같은 날 오후 1시경 이 시장으로 달려가 그곳에서 수천 명의 군중단체에 참가하여 앞에서 언급한 태극기를 흔들며 이들과 함께 「조선독립 만세!」라 외치고 독립시위운동을 함으로써 치안을 방해하였다."

"…병천(竝川) 헌병주재소 헌병은 이를 제지하였으나 응하지 않자 발포하여 다수의 사상자가 발생하였고, 피고 유관순의 아버지이며 피고 유중무(柳重武)의 형인 유중권(柳重權)도 그 피해자의 한 명이 되자…(중략) 피고 유중무, 유관순, 김용이(金用伊), 조인원(趙仁元, 조병옥의 아버지), 조병호(趙炳鎬)는 군중에 솔선하여… 피고 유관순은 병천 헌병변주재소 소장을 붙잡고 흔들고 또 그 가슴에 매달렸고…."

"피고 유관순이 병천시장의 만세를 부른 장소와 헌병주재소는 약 50보 거리이고, 그 만세를 부르고 있을 때 헌병이 와서 군중을 향해 발포하고,

또한 발검(拔劍)하여 즉사 19명, 중상자 30명이 발생하였다. 자신의 아버지도 그때 찔려 살해되었다. 헌병이 군중에게 발포하려고 총을 겨누고 있을 때 자신은 양쪽을 제지하기 위해 그들이 소지하고 있던 총을 잡은 일이 있다…(후략)."

"…만세를 부른 후 자신은 주재소로 가서 보았더니 아버지의 사체가 있었기에 화가 난 나머지 「자신의 나라를 되찾으려고 하는 정당한 일을 하고 있는데 어째서 군기(軍器)를 사용하여 민족을 죽이느냐」고 말하고 헌병이 총을 겨누기에 죽지 않으려고 갑자기 그 가슴에 매달렸다…."

"유관순은 헌병 주재소장이 입고 있던 옷에 핏자국(血痕)이 있는 것을 가리키며 군중에게 무언가를 말하면서 소장을 붙잡고 흔들었고…."

위의 판결문에서 볼 수 있는 것처럼 유관순 열사는 아버지 유중권, 작은아버지 유중무 등과 함께 사실상 1919년 4월 1일 병천 만세시위운동을 주동했다. 특히 이 시위운동 과정에서 아버지 유중권과 어머니 이씨(李少悌)가 일본 헌병에 피살되었고, 숙부 유중무, 사촌 언니 유예도(柳禮道)도 참가하는 등 온 가족이 만세시위에 참가하는 적극성을 보였다.

유관순은 결국 유중무와 함께 병천 독립만세운동 주모자로 체포되어 공주(公州) 검사국(檢事局)으로 송치되었다. 그런데 여기서 공주 영명학교(永明學校) 학생 대표로 4월 1일 공주읍 독립만세운동을 주도하다가 체포된 오빠 유우석(柳愚錫)을 만났으니, 참으로 기구한 운명이었다. 유관순의 부모님이 죽고, 유관순과 작은아버지 유중무가 감옥에 투옥되자 할아버지 유윤기(柳潤基)는 큰 충격을 받고 시름시름 앓게 되었다. 유윤기는 불과 두 달 뒤인 1919년 6월 16일 75세를 일기로 별세하고 말았으니, 유관순 일가의 큰 비극이 아닐 수 없다. 이처럼 3·1운동 참여로 3대가 희생된 경우는 매우 드물다.

유관순은 공주 지방법원에서 소위 「보안법」 위반 혐의로 징역 5년 형을 선고받고 이에 불복하여 경성 복심법원에 공소하였지만, 3년 형이 확정되어 서대문형무소에 수감되었다. 민족 대표 손병희가 3년 형을 선고받은 사실에 비하면 그녀의 1심 형량이 과중함을 알 수 있다. 그녀는 옥중에서도 어윤희(魚允姬)·박인덕(朴仁德) 등과 3·1운동 1주년 기념 시위를 전개하는 등 계속 독립만세를 외쳤다. 결국 그녀는 열악한 옥중생활과 간수들의 모진 고문, 구타 등의 여독으로 18세의 꽃다운 나이에 옥중에서 순국하고 말았다. 1920년 9월 28일이었다. 이해 4월 일본의 「특사령(特赦令)」으로 형기가 1년 6개월로 단축되었는데, 석방을 불과 3일 앞둔 시점이었다.

이러한 사실을 통해 유관순 열사의 치열한 항쟁 배경을 어느 정도 이해할 수 있다. 일본 당국, 특히 조선총독부 등 식민지 통치 당국은 유관순 열사의 '철천지원수'가 되는 것이다. 부모님과 할아버지가 사망하고, 숙부와 오빠, 사촌 언니 등이 모두 3·1 만세시위운동에 참가하여 독립과 자유를 갈구한 것이다.

영국 런던 『데일리 메일(Daily Mail)』 기자로 3·1운동을 목도한 맥켄지(Frederick Arthur Mckenzie)는 『자유를 위한 한국인의 투쟁(Korea's Fight for Freedom)』을 저술하여 죽음을 무릅쓴 한국인의 독립의지를 세계에 알렸다. 그는 이 책의 17장을 '자유를 위한 소녀들의 순교(Girl Martyrs for Liberty)'로 설정하고 여학생과 소녀, 부녀자들의 3·1운동 참여를 상세히 서술하였다. 특히 그는 "한국 독립운동의 가장 극적인 장면은 소녀들과

▎서대문형무소에 수감되어 일제 당국의 '감시대상 인물카드'에 수록된 유관순
18세 소녀의 얼굴로 보기 어려운 부분이 있는데, 이는 감옥 생활이 매우 어려웠음을 보여주고 있다. 전문가들의 분석에 따르면 유관순 열사는 구타를 당해 얼굴이 붓고 코로 숨을 쉬기 어려울 정도로 건강이 좋지 않은 상태였던 것으로 파악된다. 출처: 국사편찬위원회, 「일제감시대상 인물카드」

여성의 참여이다(The most extraodinary feature of the uprising of the Korean people is the part taken in it by the girls and women)"라고 천명하였다. 그는 여학생들이 시위에 적극적으로 참여하는 모습을 기록했는데, "학교에서 나온 소녀들은 시위를 전개하며 온 시내를 휘젓고 다녔다(All the girls from her school were demonstrating and had stirred up the whole town)"라고 여학생들의 시위 양상을 상세히 묘사하였다.

이처럼 3·1운동 당시 여학생들과 여성들의 참여가 두드러졌다. 유관순의 참여는 더욱 두드러진 경우이다. 그녀는 1919년 3월 5일 서울 남대문 앞 만세시위운동에 했다가 이화학당이 휴교하게 되자, 독립선언서를 감추고 귀향하여 고향에서 만세시위운동을 주도하였던 것이다.

유관순! 꼭 3·1운동 100주년이 아니더라도 그의 이름과 생애, 그리고 3·1운동의 의미를 충분히 주목하고 반추할 필요가 있다.

〈항거: 유관순 이야기〉의 유관순 스틸 컷 출처: ⓒ 영화사

충남 천안 병천면에 있는 유관순 생가 출처: ⓒ 이현배

6

일본군의 '간도 출병'과 독립군 탄압 작전

일본군의 '간도대학살(간도참변, 경신참변)' 진상 규명 필요성

2021년 10월은 독립군의 청산리 독립전쟁이 있은 지 101주년이 되는 해이다. 그동안 독립군의 독립전쟁 실상이나 전과에 대해서는 적지 않은 연구 성과가 발표되어 그 진상이 비교적 상세하게 규명되었다. 그러나 이 시기 일본 군경은 중국 동북 지방(만주)의 북간도와 서간도 지방에 침입하여 우리의 상상을 초월할 정도의 온갖 학살 만행과 폭행, 각종 탄압행위를 자행하였다. 역사 학계에서는 이를 '간도참변', 또는 '경신참변(庚申慘變)'이라고 한다. 하지만 이제 이 사건은 '간도대학살'이란 용어로 불려야 한다고 본다. 이처럼 중요한 역사적 사건에 대한 체계적 규명은 아직 미흡한 실정이다.

현재 한국 사학계는 물론 북한과 연변, 일본 사학계의 연구 현황을 검토해볼 때 일본 제국주의 세력의 침략에 대한 저항, 즉 독립운동 혹은 민족해방운동사에 관한 연구는 상당히 활발하게 진척되었다. 그러나 아직까지 한국 근현대사에서 일본과 일본인, 그들 조직의 침략 배경과 그 과정, 식민지 통치나 독립운동 세력 탄압의 진상에 관한 연구는 부진한 실정이다. 특히 1920년대 초 일본군의 '간도대학살(간도참변, 혹은 경신참변)'에 대한 연구는 매우 미진하다. 일본군의 학살 만행에 대한 개략적 통계조차 일정치 않아 한국·중국·일본의 통계도 다른 실정이다. 물론 이는 기초적 자료가 충분치 못한 원인이 크지만, 심도 있는 연구가 별로 없는 이유도 크다.

그러나 이제는 일제 지배정책 입안자나 실무자의 정책 수행 목적과 그 실태, 그들의 지배논리, 식민지나 지배권 안의 민중이나 저항세력에 대한 탄압상 등의 진상 규명과 그 의의를 검토하는 과제가 시급하다. 이는 최근 두드러지고 있는 일본 당국의 우경화 경향과 일부 극우세력의 준동에 따른 비판적 문제제기가 된다고 본다.

1920년 6월과 10월의 봉오동·청산리전투 전후 시기 중국 동북 지방에서 일본군이 약 8개월간 자행한 각종 방화·학살·강간·폭행 등 '간도대학살'은 김춘선·조동걸 등 몇몇 연구자의 성과가 있음에도 우리에게 별로 알려져 있지 않다. 때문에 아직까지 제대로 밝혀지지 않은 1920년 전후 시기 일본군의 '간도 출병'과 그 과정에서 자행된 여러 가지 침략 만행을 새로운 자료를 토대로 실증적으로 밝히고, 이 사건이 향후 북간도 지역(연변) 한인사회에 미친 영향을 검토하는 연구와 교육이 시급하다.

일본군의 '간도 지방 불령선인 초토계획'

1919년 3·1운동 이후 중국 동북 지방 독립군의 국내 진입작전이 지속되고, 1920년 6월 봉오동전투에서 일본군이 대패한 후 일본군 수뇌부는 만주 독립군의 실력을 재평가하고, 한인 독립운동 세력에 대한 일대 탄압작전을 전개하게 되었다.

일본 당국은 중국 동북 지방에 침입하기 위해 1920년 5월부터 꾸준히 동북군벌(봉천군벌)의 우두머리인 장쭤린(張作霖)을 회유하여 동의를 받는 등 나름대로 '출병'의 정당성을 확보하려 했다. 그러나 중국 중앙(베이징)정부의 승인은 받지 못했다. 따라서 1920년 10월 2일 중국 마적의 제2차 일본영사관 습격사건인 '훈춘(琿春)사건'을 이용하여 한인 독립운동 세력을 탄압하고자 했다.

독립군 탄압을 주도한 나남 주둔 19사단 본부 출처: 이정은, 2018, 앞의 책, 55쪽

일본군은 1920년 8월 소위 '간도 지방 불령선인(不逞鮮人) 초토계획'을 세우고 같은 해 10월 '훈춘사건'을 조작하여 출동의 명분을 만들었다. 훈춘사건 직후인 10월 7일 일본 정부의 공식적 '출병' 승인을 받고 소위 '간도 출병'을 단행했다. 이에 맞서 독립군의 '청산리 독립전쟁'이 이해 10월 말 중국 연변 지역(북간도)에서 전개되었다. 일본군은 독립군에 큰 피해를 입고 결국 독립군 추격에 실패하면서, 1921년 5월까지 북간도(중국 연변) 및 남만주의 서간도 지방에서 대대적으로 한인을 학살하는 만행을 저질렀다.

일본군이 저지른 '간도대학살'은 1920년 10월 2일부터 1921년 5월 9일 일본군이 완전히 철수할 때까지 약 8개월 동안이나 지속되었다. 소위 '간도 지방 불령선인 초토계획'은 3단계로 나뉘어 진행되었다. 제1단계는 10월 14일부터 11월 20일까지였는데, 주로 독립운동 단체들과 항일 근거지로 지목된 마을과 학교, 교회 등에 대한 대규모 '소탕'작전을 감행했다. 자료에 따르면 일본군은 이때 독립군 등 항일 세력뿐만 아니라, 배후에서 독립군을 후원하는 한인사회까지도 철저히 섬멸할 것을 계획하였다. 이 때문에 한인들의 피해는 매우 심했고 참혹했다. 2단계는 11월 21일부터 12월 16일 일본군 주력부대의 철수까지로, '잔당 숙청'이란 명분으로 촌락 부근 산림의 반복적 수색, 비행기와 국경수비대를 동원한 무력시위와 산발적 전투 등을 벌였다. 3단계는 12월 17일부터 1921년 5월 9일 일본군의 완전한 철수 시기까지이다. 이때는 간도 파견대를 기반으로 경찰분서 증설과 조선총독부 경찰 증원, 친일 세력 육성과 확대 등 소위 '새로운 질서' 확립에 주력하였다. '간도대학살'은 주로 1920년 10월 중순부터 11월 말까지 독립전쟁이 한창이던 시기에 벌어졌다.

1920년 12월까지 중국 연변 지역(북간도)에 출동한 일본군 제28여단은 이 지역에서 조선인 522명을 죽이고, 조선인 가옥 534채를 불태웠는데, 재산 피해액은 6만 6,850엔(원)으로 추정된다는 기록을 스스로 남겼다.* 그러나 실제로는 이보다 훨씬 많은 인명 및 재산 피해가 있었다고 보아야 한다.

* 姜德相·梶村秀樹 編, 1972, 『現代史資料』 28(朝鮮 4), 東京: みすず書房, 543, 570쪽.

7

일본군의 '간도대학살(경신참변)' 만행 개관

- 총살·사살·참살(斬殺)·자살(刺殺)·타살·생매장·방화, 고문 치사 등

일본군은 1920년 8월 소위 '간도 지방 불령선인 초토계획'을 세우고 같은 해 10월 '훈춘사건'을 조작하여 소위 '간도 출병'을 단행했다. 이에 맞서 독립군의 '청산리 독립전쟁'이 전개되었다. 일본군은 독립군에 큰 피해를 입고, 결국 독립군 추적에 실패하고 난 뒤 1921년 5월까지 독립운동의 근거지를 없앤다는 허울 좋은 명목으로 남만주, 서·북간도 지역의 한인 동포들을 대거 학살하고 마을에 불을 지르는 등 온갖 만행을 자행하였다. 이른바 '간도대학살'이었다.

이하에서는 일본에서 간행된 『현대사자료』 28권에 실린, 일본군이 스스로 보고한 내용 중 대표적인 사례 몇 가지만 간단히 살펴보기로 한다.

일본군 보병 제73연대 학살 보고 사례

① 김문순(金文順, 목재상), 나이 불명: 청산리 방면에서 도주 중에 사로잡았으나, 옥석동에서 총살(화룡현 숭화사 대옥석동, 1920.10.28)

② 안종구(安鐘九, 목재상), 42세: 총기 은닉, 군(軍) 전당포 횡령, 일본군 수비대를 속이므로 옥석동에서 총살(화룡현 숭화사 대옥석동, 1920.12.9)

③ 김창옥(金昌玉, 농업), 30세: 의군단(義軍團) 국장으로서 불령(不逞) 행동을 하고, 맹가동(孟哥洞)에서 체포·취조하려고 할 때 도망하므로 총살(화룡현 맹가동, 1920.12.15)

④ 서인봉(徐寅鳳, 농업), 44세: 숨긴 무기를 수색하는데 저항하므로 참살(斬殺)(연길현 홍신동, 1920.12.16)

북간도 한인들을 학살한 73연대 막사 출처: 이정은, 2018, 앞의 책, 53쪽

독립군 탄압을 위해 출동하는 일본군 '토벌대' 출처: ⓒ 김재홍

보병 제74연대 보고 사례

① 이름 불명, 50세 전후: 대한독립군(군정서) 단원 최초로 일본군 척후병을 보고 사격하며 저항하였지만, 일본군이 다수인 것을 보고 도주하기 시작하므로 사살(화룡현 청산리에서 전투 중, 1920.10.21)

② 이동운(李東云), 20세 전후: 대한독립단의 병졸로서 초토(剿討)에 즈음하여 조사 중 조선 목침(木枕)으로 저항을 시도하며 도주하였으므로 사살(연길현 毋樓溝 독음표기, 1920.11.4)

③ 박종칠(朴鍾七), 39세: 전화선 절단을 확인함에 따라 총살(연길현 북일양구(北壹兩溝), 1920.11.10)

보병 제75연대 보고사례

① 황하구(黃河龜), 41세: 1920년 8월 10일경 차대인구(車大人溝) 박태권(朴泰權)의 권유로 한국 독립운동에 종사하여 불온문서 등을 배포하기 위해 노력하고, 끝까지 독립을 감행했으며 단념할 의지가 없다고 인정하여 자살(刺殺)(훈춘현 東島, 1920.10.25)

② 강철규(姜徹奎), 34세: 한민회(韓民會)에 입단하여 군자금을 모집하기 위해 노력하고, 소총 약협(藥莢, 탄알 화약통)·뇌관·연괴(鉛塊, 납덩어리) 등을 소지하고 조선 내지 침입을 계획 중에 있어서 그 태도 개전의 조짐이 없고, 독립 단행의 뜻이 공고하여 저항의 의지가 있는 것이 분명하므로 자살(刺殺)(위와 같은 장소, 1920.10.25)

③ 김재준(金在俊), 52세: 불령단(不逞團, 독립운동 단체)의 간부로서 김재명(金在明)이라고 칭하는 본인은 농부로 위장하고, 일본 군대가 있는 (두만강) 월강지 부근에서 불령단에 이를 통보한 부원이므로 총살(왕청현 춘방사(春芳社) 대동, 1920.11.18)

④ 장홍극(蔣洪極, 재봉업), 24세: (독립운동 단체인) 군무부의 피복 제조에 종사하고, 러시아령 각지의 불령단과의 연락을 맡고 있으므로 참살(斬殺)(훈춘현 사도구(四道溝), 1920.10.16)

⑤ 유흥석(柳興石), 38세: 1919년 10월 이래 한민회(韓民會) 통장으로서 각종 모금을 분주하게 징수하여 촌민으로부터 기부금 300원(圓)을 강제로 모금(?)하고, 사도구에 있는 군무부원에게 제공했으므로 참살(훈춘현 마적달(馬滴達), 1920.10.17)

⑥ 최성록(崔成錄), 29세: 한민회 소장으로서 촌민을 대표하여 한민회

▎일본군 19사단 보병75연대(함경북도 회령 주둔) 출처: ⓒ 김재홍

의 각종 교섭에 응하고, 항상 불온사상을 선전하며 각종 문서의 수신과 발송을 맡고 있으므로 참살(훈춘현 마적달, 1920.10.17)

보병 제76연대 사례

① 이홍윤(李弘允, 농업), 65세: 대한독립군 군자금을 협박·강요했으므로 총살(훈춘현 하구동, 1920.11.3)

② 정길순(鄭吉順, 농업), 65세: 오가자(五家子) 부근으로 일본군이 출동, '토벌' 시 체포되어 귀환 도중 구사평(九沙坪) 대안에 이르렀을 때 야음과 눈발을 틈타 도주하였으나, 추적하여 사살(훈춘현 장족등(獐足登), 1920.11.4)

이 밖에 일본 군경의 천인공노할 만행에 의한 참혹한 탄압 사례는 부지기수이다. 총살(독립운동 후원이나 주도 혐의자), 사살(전투 중 혹은 도주자), 참살(목을 베는 것, 군자금 모집이나 독립운동 혐의자), 자살(刺殺, 총칼로 찔러 죽이는 것), 타살, 고문, 생매장, 방화, 약탈, 강간(여자의 경우) 등 매우 잔인한 방법이 모두 동원되었다. 연길현 구사하에서는 피난 간 창동학교(昌東學校) 교사 정기선(鄭基善)을 체포하여 얼굴 가죽을 벗겨내고 눈알을 빼서 서씨 집 가족과 함께 묶은 뒤 집에 가두어놓고 불을 질러 태워 죽이고 말았다.

특히 이 무렵 제2의 '제암리 사건'이라 할 수 있는 장암동(獐巖洞) 학살사건이 일어나 많은 내·외국인을 놀라게 하였다. 당시 연변 지역에서 이러한 참변을 직접 목격한 미국인 장로교 선교사 마틴(S.H. Martin, 馬丁)은 참혹한 내용을 기록하여 그 진상을 국내외에 널리 알렸다.

이 사건 직후 일본 군부에서는 외국인 선교사들의 참상 폭로와 국내외 각지 전파를 우려하여, 중국 지방 관헌이나 연변의 용정(龍井) 지역에 있는 선교사들에게 일본군의 학살을 변명하는 각서를 보내거나 이를 무마하는 후안무치한 조치를 단행하는 등 진상을 은폐하고 왜곡하기에 급급한 추태를 보였다.

대한민국임시정부 외무부는 1920년 10월 9일부터 11월 30일까지 북간도와 서간도 일대에서 피살 3,469명(이 중 북간도가 2,626명, 유하·홍경·관전현 등 서간도가 843명), 피체 170명, 강간 71명, 민가 전소 3,209건, 학교 전소 36건, 교회당 전소 36건, 곡물 전소 5만 4,045석의 피해가 있었다고 집계하여 발표하였다(『독립신문』 87호, 1920.12.18). 그러나 일본군은 사살 494명, 체포 707명으로 축소 보고했다. 한편 중국 당국은 피살

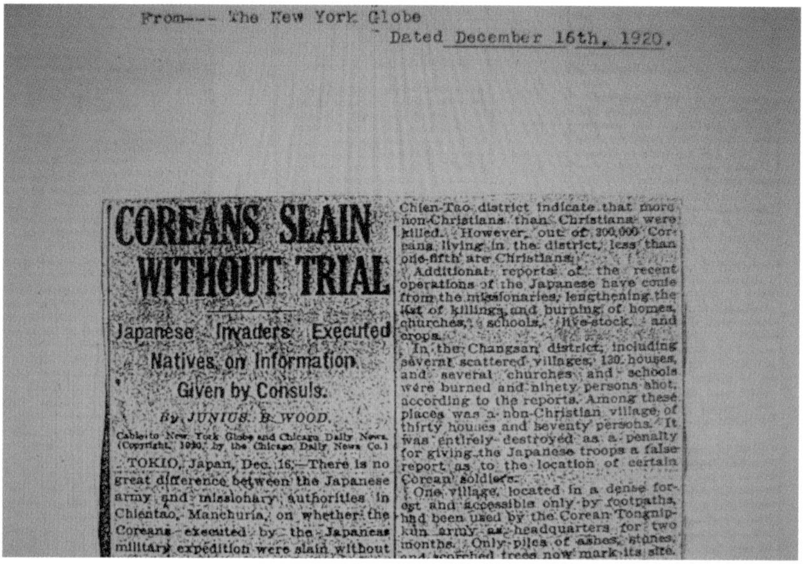

From--- The New York Globe
Dated December 16th, 1920.

COREANS SLAIN WITHOUT TRIAL

Japanese Invaders Executed Natives on Information Given by Consuls.

By JUNIUS B. WOOD.

Cable to New York Globe and Chicago Daily News. (Copyright, 1920, by the Chicago Daily News Co.)

TOKIO, Japan, Dec. 16.—There is no great difference between the Japanese army and missionary authorities in Chientao, Manchuria, on whether the Coreans executed by the Japanese military expedition were slain without

Chien-Tao district indicate that more non-Christians than Christians were killed. However, out of 300,000 Coreans living in the district, less than one-fifth are Christians.

Additional reports of the recent operations of the Japanese have come from the missionaries, lengthening the list of killings and burning of homes, churches, schools, live-stock, and crops.

In the Changsan district, including several scattered villages, 130 houses and several churches and schools were burned and ninety persons shot, according to the reports. Among these places was a non-Christian village of thirty houses and seventy persons. It was entirely destroyed as a penalty for giving the Japanese troops a false report as to the location of certain Corean soldiers.

One village, located in a dense forest and accessible only by footpaths, had been used by the Corean Tongnip-kun army as headquarters for two months. Only piles of ashes, stones, and scorched trees now mark its site.

▌ 일본군의 간도 지방 학살 만행을 폭로한 『시카고 데일리뉴스』 신문기사 「재판 없이 살해되는 한국인들」(1920.12.16)

TART DENIAL BY JAPS OF KOREAN MASSACRES

Letter in Reply to Protests of Canadian Missionaries Seeks to Justify Use of Fire and Sword, and Warns Them to Keep "Hands Off."

Tokio, Dec. 2.—The military commission at Chien Tao, Manchuria, has addressed a letter to the Canadian missionaries there in answer to charges made recently by the missionaries that massacres, alleged to have been committed by Japanese troops, had taken place and that villages were burned. The letter emphasized that the Japanese military expedition to the district was due to the fact that the Chinese authorities co-operated with the outlaws and declares that churches and schools were burned only where there was incontestable evidence that they had been used as "breeding places of iniquity."

In such cases, the letter points out, the utmost care to avoid any indiscriminate massacres.

Warnings Given.

Warning is given in the letter that any spiritual or material assistance the British missionaries give the Korean malcontents will lead to a breach in the good understanding between the two countries. It says there are many insurgent races in India, and that if the British citizens assist the Korean malcontents the Japanese Buddhists are entitled to assist the anti-British elements in India.

If the missionaries refrain from politics, the communication declares, Japanese will co-operate with them; if they act to the contrary, they can

▌ 일본 정부의 '간도참변' 학살 부정을 비판하는 영문 신문기사(1920.12.11) 출처: 국사편찬위원회 한국사 DB

324명, 재산 피해 100만 원가량으로 조사하였다.

결국 일본 군경은 이러한 만행으로 한인 사회를 초토화하여 독립운동의 근거지를 없애는 데 일시적으로 성공한 듯했다. 경신참변 후 일제의 무력탄압이 강화되면서 친일 세력이 확산되고 일제 측의 한인 지배정책이 강화되는 결과를 초래했던 것이다. 그러나 이후 한인들의 저항과 민족운동이 줄기차게 지속되어 일본 제국주의 세력을 괴롭혔다.

8

중국 연변 '장암동 참변' 다시 보기

장암동(獐巖洞)은 현재 중국 동북의 길림성 연변조선족자치주 용정시 동성용향(東盛勇鄕)에 속한다. 용정에서 동남쪽으로 약 6km가량 떨어진 산비탈에 자리 잡고 있다. 마을은 1909년부터 한인 개간민이 개척했는데, 부근 골짜기에 노루가 많다고 하여 '노루바위골'이라고 불렀다. 이 마을은 주민 대다수가 기독교도였고, 간도국민회나 의군단(義軍團)과 같은 독립운동 조직의 관련자들이거나 후원자들이었다. 특히 이곳에 있는 영신학교(永新學校)는 민족교육과 독립운동의 온상이었고, 1919년 용정의 '3·13운동' 때도 영신학교 교직원들은 장암동 주민들과 함께 반일 시위에 적극 참가하였다. 특히 1920년 10월에는 남양평과 팔도하자 등을 습격할 계획을 세우기도 했다. 이에 따라 일제는 장암동을 '불령선인' 책원지의 하나로 간주하고 습격할 기회를 노리고 있었다.

1920년 10월 30일 새벽 0시 30분경 용정에 주둔하던 일본군 14사단의 스즈키(鈴木) 대위가 거느리는 보병 72명과 헌병 3명, 경찰 2명은 장암동을 목표로 하여 출발하였다. 새벽 4시경에 그들은 남양평수비대와 합세하여 새벽 6시 30분경에 장암동을 포위하였다. 이들은 마을 주민들을 협박하여 교회 마당에 집결시킨 후, 청·장년 33명을 독립군 부대와 내통했다는 이유로 잔인하게도 교회당 안에 가두고 불을 질렀다. 결국 이들은 모두 학살되고 말았다. 마치 수원 제암리 학살사건을 다시 보는 듯했다. 짐승 같은 일본군들은 며칠 뒤 유가족들의 울분이 채 가시기도 전에 다시 찾아와 무덤을 파헤쳐 시체들을 한데 모은 다음 석유를 붓고 시체가 재가 되도록 불태워버렸다.

당시 중국 연변(북간도) 일대에서 이러한 참변을 직접 목격한 미국인 장로교 선교사 마틴은 다음과 같이 참혹한 내용을 적은 기록을 남겼다.

"10월 31일, 우리들은 찬랍파위촌(瓚拉巴威村: 장암동-필자)에 사실을 알아보러 갔다. 목격자 증언에 따르면 (10월) 29일 새벽에 무장한 (일본군) 보병 한 부대는 이 예수교촌을 포위하고 산적한 밀짚 위에 방화하며, 남자라면 노인과 어린이를 가리지 않고 집 밖으로 끌어내어 다 사살하고, 채 죽지 않은 자는 불속에 집어넣고, 집안에서 울면서 이 비참한 광경을 보는 사자(死者)의 어머니와 처자의 가옥을 또 불질러 전 마을이 불타고 말았다. 그들은 이와 같이 여러 마을을 모두 없애버린 다음 주둔지 병영에 돌아가 천황 탄생일을 축하하였다.

우리 일행이 부근 각촌에 이르렀을 때 조선식 큰 집을 보았는데, 아직도 불타고 있었고… 3년간 보관하였던 식량도 불타버렸다. (중략) 잿더미 속에는 시체가 즐비하여서 우리들은 이 잿더미를 헤치고 한 노인의 시신을

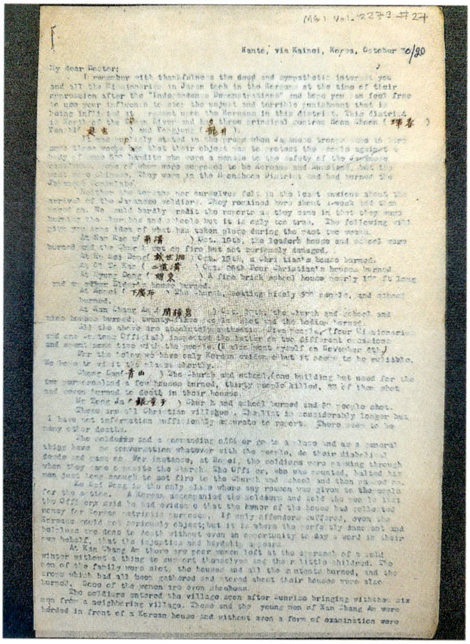

1920년 10월 30일 중국 연변 지역(용정 등)에 머물던 외국인 선교사가 일본의 선교사들에게 학살의 참변을 알리는 영문 편지

출처: 『독립기념관 전시품 도록』, 150쪽

보았는데, 몸에는 총탄 자국이 여러 군데 있고 몸은 벌써 다 타버리고 간신히 목만 붙어 있었다. 우리는 사진을 몇 장 찍고 다른 데로 갔는데, 방화한 지 36시간이 지났는데도 시체 타는 악취가 나고 지붕 떨어지는 소리가 들렸다. 길에서 부인 넷을 만났는데, 각각 어린아이를 업고 새로 쌓은 무덤 옆에 앉아 우는 소리가 극히 비참하였다. 또 남은 19채의 집을 돌아다니며 촬영할 때 할아버지와 할머니, 며느리가 통곡하며 잿더미 속에서 타다 남은 팔다리와 부서진 뼈, 아직 타지 않은 물건을 줍고 있었다. 나는 동네사람을 청하여 (신에게) 기도드리고 여럿이 협조하여 잿더미 속에서 시체 한

구를 끌어낸 뒤 잘려진 팔과 발을 정확하게 맞추어 안치하고 사진을 찍었다. 이때 나는 어찌나 분했던지 사진기를 고정시킬 수 없어 네 번이나 다시 찍었다. 내가 알고 있는 36개 촌에서만 피살자가 모두 140명이었다."(밑줄은 필자)

- 채근식, 1949, 『무장독립운동 비사』, 대한민국공보처, 90-91쪽

이 사건 직후 일본 군부에서는 외국인 선교사들의 참상 폭로와 국내외 각지 전파를 우려하여, 중국 지방 관헌이나 연변의 용정 지역에 있는 선교사들에게 일본군의 학살을 변명하는 각서를 보내거나 무마하는 후안무치한 조치를 단행하는 등 진상을 은폐하고 왜곡하기에 급급한 추태를 보였다.*

1999년 6월 30일 용정 '3·13기념사업회'에서 희생자를 추모하고, 일본군의 만행을 알리기 위해 지금은 없어진 마을 입구에 '장암동 참안(慘案) 유지 기념비'를 세웠다.

* 이에 대해서는 김연옥 역, 2019, 「사이토 대좌에게 보내는 吉林督軍公署 公函 제288호」 및 「미즈마치[水町] 대좌가 용정촌 외국인 선교사에게 보내는 각서」, 『조선군사령부 간도 출병사』, 경인문화사』, 334-350쪽 참조.

중국 연변 장암동 학살사건 현장에 세워진 '장안동 참안 유지' 기념비 출처: © 김원수

'장암동 참안 유지' 기념비 측면에 새겨진 글 출처: © 김원수
36명이 희생되었다고 적혀 있다.

9

일본군의 연변 의란구, 송언동 학살사건

의란구(依蘭溝) 학살사건

1920년 10월 청산리 독립전쟁 당시 연길현 의란구에는 중요한 독립운동 단체 간도국민회와 의군부가 있었다. 국민회는 유채구(柳菜溝)와 구룡평(九龍坪) 등을 중심으로 활동했는데, 방초령에는 국민회군의 사관훈련소까지 설치되어 있었다. 특히 고성촌(古城村)과 연화촌(蓮花村) 등지에는 의군부 본부가 있었다. 따라서 의란구는 당시 독립군 부대의 본거지라 할 수 있었다. 1920년 10월부터 중국 연변(북간도) 지방에 침입한 일본군은 의란구 일대를 여러 차례 '토벌·탄압'하였다. 이해 10월 20일 일본군 19사단 이시쓰카(石塚) 대대는 의란구에 침입하여 이동근 등 8명을 살해하였다.

4일 뒤 일본군 74연대는 양만홍 등 10여 명을 죽이고 학교 한 채와 민가 다섯 채를 불태워버렸다. 또한 11월 3일 일본군 76연대는 북의란구에서 항일사상을 고취하고 독립군 부대의 군자금 모집과 정보수집 등에 참가하였다는 이유로 농민 이국화 등 16명을 무참히 살해하였다. 같은 날 이 부대는 기무라 대좌의 지휘하에 북의란구에서 소위 '불령선인'의 가족이라고 하여 김창홍·노우선·김렬의 집을 비롯한 31채의 민가를 불태워버렸다. 역시 같은 달 3일과 4일 태양촌(太陽村)에서는 독립운동 단체를 조직하고 반일사상을 고취했다는 이유로 교사 노우선 등 2명과 농민 이주향 등 13명을 모두 죽였다. 또한 11월 5일 일본군은 산발적 전투를 벌인 뒤에 의군부 총무 최우익, 서무부장 이을, 홍정필을 비롯한 10명을 잔인하게 살해하였다.

송언동(松堰洞) 학살사건

1920년 10월 19일 조선 주둔 일본군인 회령수비대 대장 나리타(成田) 중좌가 지휘하는 일본군은 먼저 북간도 화룡현 북장패촌의 촌장 이용점과 농민 장환두·신국현·김종민 등을 체포하여 풍도령(風度嶺)에서 사살하였다. 또 화룡현 사무사(四茂社) 송언둔(松堰屯)에 침입하여 집을 수색하고 지계순 등 14명을 학살한 후 석유를 끼얹어 시체를 태워버렸다.

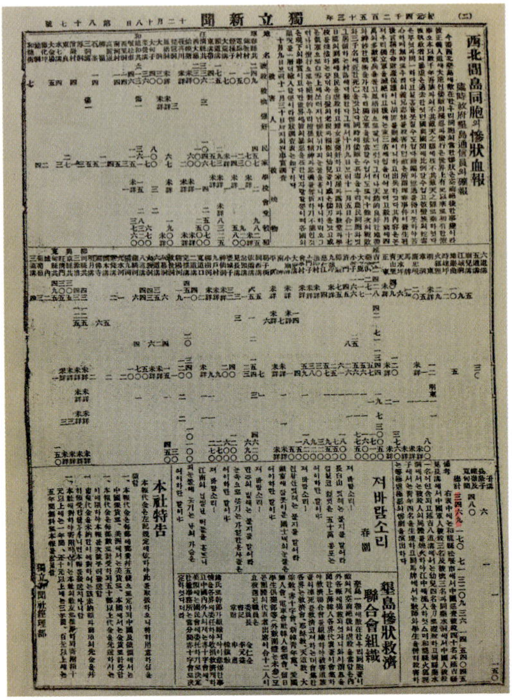
獨立新聞

西北間島同胞의慘狀血報

저바람소리

本社特告

墾島慘狀救濟聯合會組織

▍일본군의 한인 학살사건을 보도한 『독립신문』(제87호) 기사

1920년 10월 9일부터 11월 30일까지 북간도 지역에서 2,626명, 서간도 지역에서 843명, 모두 3,469명이 무참하게 희생되었음을 밝히고 있다.

출처: ⓒ 장세윤, 1920.12.18

▍경신참변으로 희생된 한인들의 합동 장례식(1920)

출처: ⓒ 김재홍

10

일본군의 연변 용정·화룡·황청현 등지 학살사건

일본군은 1920년 10월 말부터 이듬해 초까지 중국 연변(북간도) 일대와 남만주 서간도 일대에서 독립군 색출과 처벌을 핑계로 무자비한 한인 학살을 자행하여 국제사회의 공분을 불러일으켰다.

연변 용정·화룡·황청현 등지 학살 사례

중국 연변 지역의 주요 사례를 간단히 정리하기로 한다.

대표적으로 연변(북간도 지역) 서래동(西來洞)·학서동(鶴栖洞)·마패촌(馬牌村)·세린하촌(細鱗河村)·유동촌·진채구(榛柴溝)·평양촌 학살사건 등이 있다. 또 발계라자(鵓鷄拉子) 참변(학교 한 채, 민가 20여 채가 소각됨), 대왕청·화첨자·묘령·열문툰(閱文屯)·애위전자(艾葦甸子)·서가구·

서골(西溝)·오호정자(五虎頂子)·십리평(十里坪) 학살사건 등 유사한 사례가 매우 많았다. 특히 청산리 독립전쟁 직전인 10월 20일에 일어난 왕청현 십리평 학살사건은 매우 안타까운 사건이었다. 십리평이 강력한 독립군 부대인 북로군정서의 사관연성소 병영이 있던 마을이었기 때문에 일본군이 잔인하게 보복한 것이었다. 북로군정서 병영뿐만 아니라 민가 20여 채가 소각되었고, 김립법 등 한인 30여 명이 무참히 학살되었다.

1920년 10월 말 청산리 독립전쟁 이후 동부 지역인 훈춘 일대에서 형제가 일본군의 침입에 맞서 싸우다가 순국한 사례가 있다. 김운서(金雲瑞)는 훈춘한민회 산하의 독립군 부대인 모험대 대장으로서 1920년 11월 30일 훈춘현 판석구(板石溝)에서 일본군(보병 75연대)과 싸우다가 장렬하게 전사했다. 동생 김운하(金雲河) 역시 같은 해 11월 8일 훈춘현 차대인구(車大人溝) 북방 골짜기에서 독립군 부대의 통신사무를 담당했다는 이유로 참혹하게 같은 일본군 부대에 참수되고 말았다. 당시 김운서는 35~36세가량이었고, 김운하는 꽃다운 21세의 청춘이었다.

한인들이 많이 사는 용정촌 두도구(頭道溝) 부근에서는 한 일본군 전신대가 전선이 절단된 것을 발견하고 마침 그 자리에 있는 한 중국인 농부를 범인으로 지목하여 체포하고 처치하려 했다. 그런데 그 중국인은 위기를 벗어나기 위해 갑자기 생각나는 대로 부근의 마을에 있는 12~13세가량의 조선인 어린이의 행위라고 무책임하게 떠넘겼다. 이에 일본군 전신대는 곧바로 그 마을로 가서 어린애를 사로잡아 현장에서 참수하고 말았다. 이들 짐승 같은 일본군은 그 어린이의 머리를 전선에 매달아 놓아 많은 사람들이 보도록 하였다. 그러나 나중에 일본군은 자신들이 신중한 취조를 하지 않고 일을 저질러 무참한 결과를 초래했다고 스스로 비판하기도 했다. 하지만 이들은 어떤 처벌도 받지 않았다.

중국 연변(북간도) 일대 한국인들의 가옥에 숙박한 일본 병사들은 러시아 연해주나 시베리아에서 행한 나쁜 습관에 사로잡혀 전리품을 습득할 목적이나 호기심으로 한국인 부녀자들의 머리 장식품이나 은세공품, 반지, 시계 등을 훔치는 사례가 적지 않았다. 그러나 당시 많은 한국인이 일본군의 위협과 폭행을 두려워하고 화가 미칠 것을 우려한 나머지 이러한 행위에 대해 전혀 항의하지도 못했다. 일본군은 중국군과 같은 방약무인의 강탈행위는 없을 것이라고 떠벌렸지만, 실상은 전혀 그렇지 못했던 것이다.

일본 군경의 참혹한 탄압 사례는 매우 많았다. 총살, 사살, 참살, 자살, 타살, 고문, 생매장, 방화, 약탈, 강간 등 극히 잔인했다. 이제 각종 자료를 종합하여 이러한 만행의 진상을 객관적으로 검토하는 연구가 필요하다.

결국 일본군은 이러한 만행으로 한인사회를 초토화하여 독립운동의 근거지를 없애는 데 일시적으로 성공한 듯했다. 경신참변 후 일제의 무력탄압이 강화되면서 친일 세력이 확산되고 일제 측의 한인 지배정책이 강화되는 결과를 초래했던 것이다.

'간도대학살'의 반향과 그 영향

그러나 간도를 침략한 일본군의 한인 학살은 중국 동북 지방정부의 강력한 항의에 부딪혔다. 길림성장(吉林督軍) 포귀경(鮑貴卿)은 일본군이 이주 한인뿐만 아니라 중국인도 학살하고 있으니, 심각한 약속 위반

이라는 의견을 11월 4일 봉천총영사 아카즈카[赤塚]에게 보내 항의하였다. 그 주요 내용은 다음과 같다.

"근래 일본 군대의 행동은 오로지 각 지방에 산재하는 조선인 수사와 체포를 성사시키기 위해 무고한 조선인 또는 지나인(支那人, 중국인)을 연루자로서 살상하거나, 혹은 가옥을 태워버리는 일이 두드러지는데, 이는 공동 토벌의 약정에 어긋날 뿐 아니라, 이 때문에 해당 지방의 인민 또는 관헌으로부터 매일 수통의 전보가 도착하여 고충을 말하니, 그 심각함에 이르러서는 본건 공동 토벌에 동의한 장(張) 순열사(巡閱使) 및 본인(鮑貴卿 - 필자)을 공격하는 인쇄물이 각지에 살포되어 지금에는 점점 여론이 일어나려고 하는 경향을 보이기에 달하는데, 도저히 이를 억압할 수 없다."*

일본군은 자신들의 학살행위가 이주 한인들에게는 공포의 대상이었음을 잘 알고 있었다. 예를 들면 연길현, 지인향, 와룡동 등 한인 마을에서는 "국자가(局子街, 현재 연길) 병참(兵站)을 축하드립니다. 사령부 만세."라는 현수막을 내걸 정도였다. 이에 대해서 일본군은 "우리 군대가 각지에서 토벌수사를 위해 방화, 살상을 행하는 것을 두려워하고 재해를 미연에 방지하려는 애원적 의지로부터 나온 것으로, 해당 지방 작금에 있어 민심의 이면을 살핌에 만족한 것이라고 인정한다."(『朝鮮統治史料』 2, 407쪽)라고 자평하기까지 했다.

* 金正柱, 1970, 『朝鮮統治史料』 2, 東京: 韓國史料硏究所, 408쪽; 김주용, 2021, 「1920년 제국주의 일본군의 간도침략과 한인 대학살-통제와 은폐」, 『만주연구』 31, 만주학회에서 재인용.

또 일본 군부 안에서 장암동 학살사건이 이른바 제2의 '제암리 사건'으로 비화될 수 있음을 우려하고 다각적 대책을 논의했던 사실을 확인할 수 있다.* 이후 장암동 사건은 수원의 제암리 사건처럼 일제의 한인 학살 만행을 폭로하는 중요한 이슈로 중국 등 외국 언론에 보도되는 등 큰 반향을 불러일으켰다.

한·중·일 3국의 공동 조사연구와 진상 규명, 일본의 사과와 배상책임 당위성

이른바 독립군 '토벌'을 빙자하여 사실상 불법으로 북간도 지역에 침입한 일본군이 저지른 학살 만행과 방화·약탈·폭행·강간 등의 온갖 비행은 상상을 초월할 정도로 막심하였다. 그러나 현재 우리는 이러한 사실을 전혀 모르거나 망각한 채 '한·일 우호'나 선린 관계를 말하곤 한다. 물론 이웃 우방국과 평화롭게 공존하는 지혜는 당연히 소중하다.

그러나 우리는 일제강점기 반민족 행위를 자행한 친일 세력에 대한 단죄와 심판은 물론, 수많은 일본인 전쟁범죄자들에 대하여 재판과 같은 합법적 심판절차를 거쳐 처벌하지 못했다. 각종 학살 만행과 반인륜적 전쟁범죄를 자행한 일본 군경과 관계자들은 아무런 제재를 받지 않았다. 해방 이후 역대 정권, 특히 1965년 한일협정 체결 당시에도 한국측 대표는 일본 군경이나 관헌 등 전쟁범죄자의 처벌에 관해 별다른 문

* 일본 아시아역사자료센터 소장자료, 「間島方面出兵に関する件」(1920년 10월 31일 작성, 11월 2일 전보 접수), 1230-1233쪽.

제를 제기하지 않았다.

이제라도 늦지 않았다. 동학군, 의병, 3·1운동 참가자, 연해주 4월참변, 1920년 간도참변 희생자, 일본의 관동대지진 희생자, 강제징용과 징병, 일본군'위안부' 등 일제가 강제 동원한 희생자들에 대한 체계적인 진상 규명과 연구가 필요하다. 현재로서는 기대하기 어렵지만 일본 측의 자발적인 협조와 사과, 배상이 있다면 더욱 좋을 것이다. 한국과 중국, 일본에 흩어져 있는 각종 기록과 자료, 증언들을 취합하여 1920년 말과 이듬해 봄까지 계속된 '간도대학살'의 진상을 체계적으로 규명해야 한다.

11

일본 관동대지진의 발생과 재일 조선인(한인) 학살

일본에서는 일찍이 1963년에 강덕상과 마쓰오 다카요시(松尾尊兊)가 관동대지진 때 희생된 한인 문제에 대한 학술적 문제제기를 한 적이 있었다.

일본 학계에서는 관동대지진 당시 '조선인' 학살 문제에 관해 2000년대 초반까지 다수의 저작이 간행되었으나, 최근에는 주목할 만한 단행본이나 자료집이 별로 나오고 있지 않은 상황이다. 2003년 일본에서 열린 관동대지진 80주년 기념행사에 참가한 연구자의 참가 기록이 있어 당시 일본학계와 시민사회의 동향을 참고할 만하다.

한편 일본의 대표적 『일본사사전』은 다음과 같이 서술하고 있다. "진재(震災)의 혼란 가운데서 유언이 발생, 불안에 떤 사람들이 자경단(自警團)을 결성하여 조선인을 학살했다. 그 수는 6,000인에 이르렀다고 한다(『岩波 日本史辭典』, 東京: 岩波書店, 1999, 276쪽)." 군대와 경찰 등 학살의 주체를 분명히 서술하지 않고 있으나, 피살 조선인 숫자를 6,000여 명으로 파악하고 있음을 확인할 수 있다.

하지만 일본에서 이처럼 진실을 밝히는 양심적 저작물만 있는 것은 아니다. 최근 일본의 구도 미요코(工藤美代子)는 관동대지진 당시 '조선인' 학살 문제를 과장·왜곡한 내용이 많다며 이를 비판하는 단행본을 발간하여 물의를 일으켰다. 일본인들이 '조선인 학살사건'을 문제시하는 것 자체를 '자학의 원점'으로 간주해 문제가 되고 있는 것이다.

한편 일본 언론은 2013년 9월 1일을 전후하여 관동대지진 90주년 특집기사를 다수 게재했지만, '조선인 학살' 문제에 관심을 갖고 보도한 언론은 필자가 아는 한 『마이니치신문』이 거의 유일했다.

일본군과 경찰, 자경단에게 한인 수천 명이 학살되는 참극의 발단이 된 관동대지진이 일어난 지 98년이 지났다. 그러나 일본 정부는 진상 규명에 나서지 않고 있으며, 희생자의 신원도 밝히지 않았고, 책임자가 누구인지도 가리지 않고 있다. 한국 정부도 이 사건에 대한 진상 규명과 사죄를 일본에 요구한 적이 전혀 없다. 그런데 최근 일본 내 보수세력들은 한인 학살의 역사를 감추고 지우기에 급급한 행태를 보여 문제가 되고 있다. 특히 최근 도쿄도(東京都) 교육위원회는 고교 일본사 부독본(副讀本, 부교재) 『에도에서 도쿄로』에 실린 '간토대지진(관동대지진) 조선인 희생자 추도비'에 대한 글에서 "대지진의 혼란 중에서 수많은 조선인이 학살됐다"고 되어 있던 내용을, 2013년 도판에서는 "비(碑)에는 대지진의 혼란 중에서 '조선인이 귀중한 생명을 빼앗겼다'고 적혀 있다"는 내용으로 바꿨다. 한인들이 왜, 어떻게 희생당한 것인지 알기 어렵게 개악한 것이다. 또 요코하마시(橫濱市) 교육위원회는 중학생용 부교재 『요코하마 알기』 2013년 판에서, 간토대지진 때 "군대나 경찰 등이 조선인에 대한 박해와 학살을 자행하고 중국인을 살상했다"(2012년 판)라고 서술한 문장 가운데 군대와 경찰이 관여했다는 부분을 삭제하고, '학살'이라는 표현을 '살해'로 바꿔 문제가 되었다, 이런 점에서 일본의 한인 학살 관련 사실의 은폐, 왜곡에 대한 적극적인 연구·교육과 대응이 필요한 시점이다.

일본 학계의 최근 동향

최근 일본에서 구도 미요코 등의 '배외적 언설(排外的 言說)'과 이에 대항하는 (양심적) 움직임도 나타나고 있다. 특히 2014년 일본에서 출판된 가토 나오키(加藤直樹)의 『구월, 도쿄의 거리에서 – 1923년 관동대지진 대량학살의 잔향(九月, 東京の路上で – 1923年関東大震災 ジェノサイドの残響)』이 매우 주목할 만하다. 이 책은 관동대지진 재해 당시 일본인의 조선인(한인) 학살을 다룬 것으로 유명하다. 가토는 다음과 같이 서술하고 있다.

> "관동대지진 재해 당시에, 조선인들은 「불령선인(不逞鮮人)」이라고 불려 죽임을 당했지만, 「불령선인(不逞鮮人)」이라고 하는 것은 원래 일본의 식민지 지배에 대항하는 사람들을 가리키는 언어로서, 당시의 매스컴에서 많이 사용되었다. 대지진의 4년 전에 일어난 조선 독립을 위한 3·1 독립운동도, '불령선인(不逞鮮人)의 폭동'이라고 되어 있다.

관동대지진 때 피살당한 한인
출처: 『독립기념관 전시품 도록』, 1995, 147쪽

외국의 강권지배에 화를 내는 것은 인간으로서 당연한 감정이다. 이것을 부정하기 위해서는 상대방을, 그 호소에 귀를 기울일 필요가 없는 비인간(非人間)으로서의 이미지를 굳힐 필요가 있다. 조선인이, 마주 앉아 대화를 할 필요가 없는, 그런 능력이 없는 상대라는 이미지를 만들기 위해 '거짓말쟁이', '범죄자', '외국의 앞잡이' 등등 온갖 부정적인 딱지를 붙이는 캠페인이 행해져왔다."*

* 加藤直樹, 2014, 『九月, 東京の路上で－1923年関東大震災ジェノサイドの残響』, ころから, 204쪽; 田中正敬, 2014, 「日本における關東大震災研究の課題と展望」, 『관동대지진과 조선인문제

가토는 이처럼 부당한 인식에 대항하고 극복하는 길을 "사람들이 상대방을 보통의 인간으로 인정하고, 그 목소리에 귀를 기울이는 것", 상대방의 목소리에 '공감'하는 것이라고 지적했다. 조선인(한인) 학대가 "어쩔 수 없는 것"이었다고 말하는 구도 미요코의 주장은 조선인에 대해 '비인간'으로서의 이미지를 만들어냄으로써 성립한다고 비판하였다.

일본 센슈대학(專修大學)에서는 '관동대진재사연구회(關東大震災史研究會)'가 활동하고 있다. 이 연구회에서 『지역에서 배우는 관동대진재 – 지바현(千葉縣)에서의 조선인 학살, 그 해명·추도는 어떻게 이루어졌는가(地域に學ぶ關東大震災 – 千葉縣における朝鮮人虐殺, その解明·追悼はいかになされたか)』(도쿄: 일본경제평론사, 2012)를 발간했다.

이 책에서 다나카 마사다카 교수는 일본에서의 관동대지진 연구의 흐름을 크게 세 갈래로 정리했다. 즉 ① 천재(天災)·인재 연구(人災研究)와 새로운 자료의 발굴, ② 조선인 학살 연구, ③ 일본인 학살·중국인 학살에 대한 연구 등이 그것이다. 그리고 최근 발표한 '연구의 과제와 전망'에서 '공감(共感)으로의 길'을 어떻게 형성해가야 하는지 밝히고, 중국인이나 일본인을 포함한 '제노사이드(Genocide)'로서의 보편성을 주목할 필요가 있다고 지적했다. 필자는 이에 전적으로 공감하고 동의하는 바이다. 따라서 한국학계의 임무가 먼저 한국에서, 그리고 일본이나 중국, 나아가 세계적 차원에서 관동대지진 당시 조선인 학살 문제를 부정하거나 왜곡하지 않고 '공감'하며, 올바로 연구하고 알리며, 앞으로

연구』, 청암대학교 개교 60주년기념 재일코리안연구소 국제학술대회 발표논문집(2014.8.29), 2쪽에서 재인용.

다시는 이러한 불행하고 비참한 사태가 일어나지 않도록 유의해야 하는 문제를 진지하게 검토해야 한다고 본다.

이러한 시각에서 다나카 마사다카 교수는 천재(天災)·인재(人災)로서 관동대지진 연구의 현상과 과제를 개관하면서 관동대지진 당시 조선인 학살을 '인재(人災)'의 관점에서 검토하고 있다. 이는 관동대지진 당시 조선인 학살 문제를 일본 관동 지역 전체의 큰 재난의 한 부분으로 인식하는 시각, 즉 일본사 연구자의 입장에서 일본 근대사, 혹은 일본 관동(關東) 지역사라는 (보편적) 관점으로 조선인 학살 문제를 검토하는 입장이 아닌가 한다. 강덕상 역시 조선인 학살 문제를 중국인·일본인 학살 문제와 함께 고찰하는 '전체(total)적' 관점을 강조했다.

그러나 관동대지진 당시 조선인 학살 문제는 '제노사이드'라는 관점에서 볼 수도 있지만, 식민지 종주국(지배민족)과 식민지 민중 사이의 민족 문제, 혹은 이주노동자 등의 계급 문제, 인종차별 문제로 볼 수 있다는 점에서 필자는 특수한 사건이나 현상이라고 파악하는, 좀 더 심각하고도 치열한 문제의식과 관점, 그에 따른 해결 노력이 필요하다고 생각한다. 즉 한국학계 입장에서는 아직도 진상 규명과 체계적 연구가 요원하기 때문에 근대 한일 관계라는 특수한 관점의 치밀한 연구와 진상 규명, 한국 정부 등의 해결의지와 노력이 아직은 좀 더 필요하다고 본다.

국가기록원이 공개한 관동대지진 때 한인 피해조사 명부와 일본 NGO 니시자키 마사오의 활동 사례

• 2013년 8월 말~9월 초 국내 언론에는 일본인 NGO 니시자키 마사오(西崎雅夫, 54세)가 편찬한 세 권의 자료집을 새로 발간한 자료로 소개하는 보도가 있었다. 그러나 이는 오보(誤報)로, 상기 세 권의 자료집은 이미 2011~2012년 개인적으로 편찬, 발간한 비공식(복사) 자료다. 필자는 2013년 7월 25일(목)~29일(월) 일본 출장 시 니시자키 마사오 선생을 만나 관동대지진 때 희생된 한인 추도비를 현장 조사하고, 면담을 실시한 바 있다.

• 니시자키 마사오 씨는 관동대지진 때 학살된 한인들 관련 자료의 조사·수집, 추도모임을 주도하고 있다. 자기 집 옆에 뜻을 같이하는 사람들의 성금을 모아 추도비를 건립하고 직접 관리하며, 관동대지진 때 희생된 조선인들을 조사·연구하고 추모하는 사업을 진행하고 있다. 특히 '사단법인 봉선화: 관동대지진 때 학살된 조선인의 유골을 발굴하고 추도하는 회'를 조직하여 주도하고, 지속적으로 관련 자료를 발굴하여 자료집을 발간, 보급하는 등 자발적으로 이 모임을 유지하고 있다. 대학(영문학 전공) 때 재일동포와 친구가 되면서 재일 한인 문제에 관심을 두기 시작했다고 한다. 그리고 자신이 사는 동네 바로 앞 하천 아라카와(荒川) 변에 학살된 한인들이 묻혔다는 이야기를 듣고 학살된 한인 문제에 관심을 두고 평생의 업으로 삼게 되었다고 한다. 현재는 다른 직업도 없이(중학교 영어교사를 그만둠) 전업으로 이 일에 열중하고 있다.

〈보고 5〉 2014년 2월 국가기록원이 공개한 『일본 진재(震災) 시 피살자 명부』 추정 사례

1950년대 초에 조사한 자료로, 관동대지진 때 일가족 학살 사례와 일본 헌병에게 총살된 사례가 조사되었다.

❶ 일가족 학살 사례

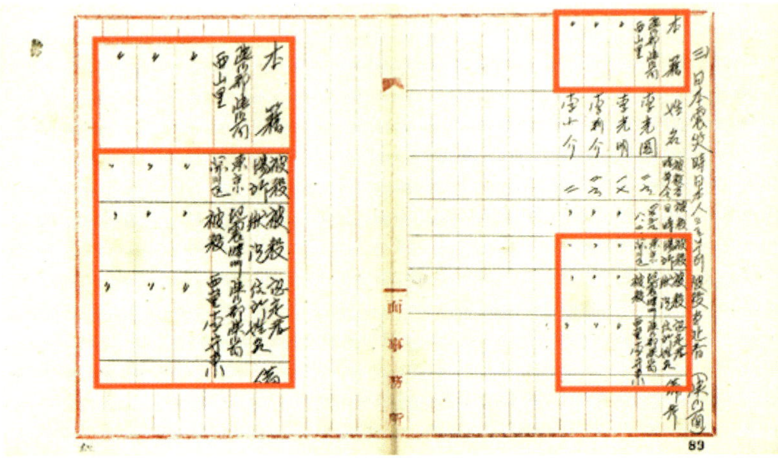

출처: 국가기록원

❷ 일본 헌병에게 총살된 사례

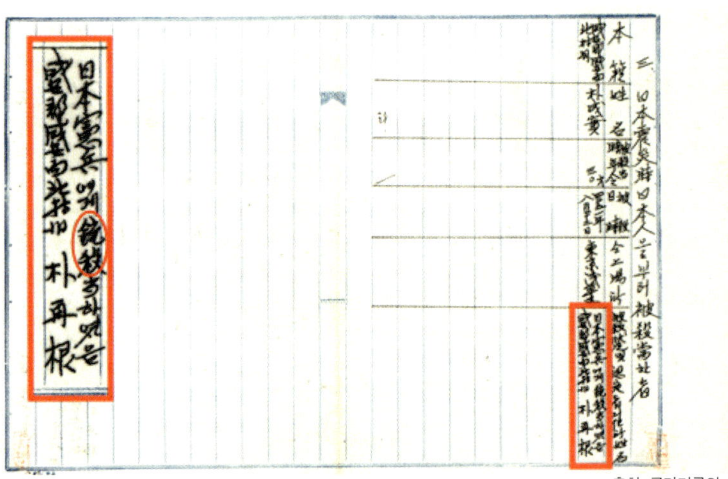

출처: 국가기록원

❸ 이하에서 세 권의 자료집을 간단히 정리, 소개하고자 한다.

ㄱ. 니시자키 마사오(西崎雅夫) 편, 『관동대진재 시 조선인 학살사건: 도쿄 시다마치(下町) 필드워크자료』(2011.7)

ㄴ. 시다마치[下町] 이외 편, 『관동대진재 시 조선인 학살사건 도쿄 필드워크자료』(2012.1)

ㄷ. 『관동대진재 시 조선인 관련 「유언비어」· 도쿄 증언집』(2012.6)

- 위 자료집은 이미 발간된 각종 도서와 신문·잡지·회고록, 각종 참고자료, 증언 등을 조사·수집·정리하고 일부는 직접 자신이 들은 증언을 정리한 뒤 도쿄 시내 각 지역별로 분류, 정리한 귀중한 현장기록 자료집이자 현장 가이드북이다. 이 책에 실린 주요 증언 사례를 꼽아보면 다음과 같다.

"조선인을 10명씩 묶어 세운 뒤 군대가 기관총으로 쏴 죽였다. 죽지 않은 사람은 선로 위에 늘어놓고 석유를 부어 태웠다."

"9월 3일 낮이었다. 다리 아래에 조선인 몇 명을 묶어 끌고 와서 자경단원들이 일본도로 베고 죽창으로 찌르거나 해서 죽였다. 임신해서 배가 크게 부른 여자도 찔러 죽였다. 내가 본 것으로는 30여 명이 이렇게 죽었다."

□ 니시자키 마사오 자료집 내용 개관 및 정리

제목	주요 내용
『관동대진재 시 조선인 학살사건(フィールドワーク資料)』(2011.7, 80쪽)	표지에 학살이 일어났던 시내 중심가 주요 지역을 옛 지도에 표기함.
	지진 직후 발간된 각종 신문·잡지·도서·보고서·전기·회고록·일기 등에서 자료를 발췌하고 증언도 수록하여 지역별로 배치, 현장감을 높임.
	사진·지도·그림·증언 연계. 35쪽 유골 발굴 기사
『관동대진재 시 조선인 학살사건(下町以外編)』(2012.1, 78쪽)	표지에 도쿄 시내 중심가 이외 지역의 주요 학살 사건 지역을 표기
	각종 기록과 자료에 나오는 지역별 자료와 증언, 재일 한인들의 1주년 추도회(33쪽) 등을 수록
	요시노 사쿠조 일기(7쪽), 가와메 테이지(5쪽)·가야하라 하쿠도(78쪽) 등 유명 그림 수록
『관동대진재 시 조선인 관련「유언비어」도쿄 증언집』(2012.6, 99쪽)	표지에 일본 경시청 지시 문서를 수록
	지진 직후 발간된 각종 신문·잡지·도서·전기·일기, 회고록 등 각종 자료를 취합하여 관동대지진 시 조선인 관련 유언비어, 증언 등을 취합 수록함
	지진 당시 사진과 그림 등을 각 구(區)별로 배치, 현장 답사에 편의를 도모함.

이하에서는 2013년 필자가 일본에서 직접 조사한 자료와 사진의 일부를 정리해보기로 한다.

〈참고 1〉 2013년 조사한 관동대지진 관련 자료와 사진 (© 장세윤)

재일한인 역사자료관에 전시된 조선인 학살 묘사 그림
가와메 테이지(河目悌二)의 작품으로 추정된다.

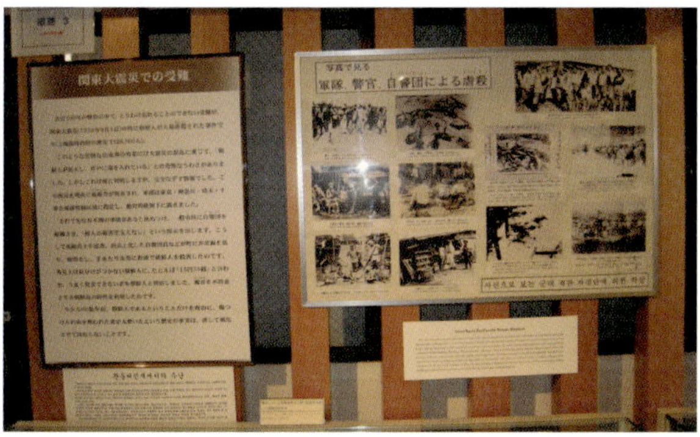

재일한인역사자료관의 관동대지진 시 조선인 학살 설명 판넬

일본 도쿄 야히로에 세워진 추도비 원경

관동대지진 시 조선인 학살 관련 그림

출처: 국립역사민속박물관

지바현 간논지(觀音寺) 경내에 세워진 관동대지진 때 희생된 조선인 위령비

좌측은 한국인들의 성금으로 세운 종과 종각

도쿄 요코아미초 공원 구내에 있는 관동대지진 희생 조선인 추모비

도쿄 스미다구 야히로에 일본인들 성금으로 세워진 관동대지진 때 희생된 조선인 추도비

관동대지진 때 일본인들의 조선인 학살을 설명하는 니시자키 마사오 씨

12

『독립신문』의 관동대지진 때 한인 학살 관련 보도

『독립신문』 개관

한국 근대사에서 『독립신문』은 모두 5종이 발간되었다. 서재필 등 개화파가 1896년 4월 7일 발간한 한글신문이 널리 알려져 있다. 그러나 이 책에서 검토하는 『독립신문』은 1919년 4월 중국 상하이(上海)에 수립된 대한민국 임시정부의 기관지 역할을 한 신문이다. 이 신문은 1919년 8월 21일 창간호가 발행되었다. 창간 당시 제호(題號)는 『獨立』이었으나, 같은 해 10월 25일(22호)부터 『獨立新聞』으로 제호를 변경하였다. 그리고 1924년 1월 1일 자(169호)부터 다시 제호를 한글 『독립신문』으로 바꾸었다. 처음에는 주 3회 발행되었으나 점차 발행 간격이 길어졌으며, 일정치 않게 되었다. 자금난 등 여러 사정으로 1925년 11월 11일 자 제189호를 발간하고, 이후 폐간되고 말았다.

한편 중문판(中文版)도 1922년 7월부터 발행되었는데, 중국인 기자도 고용하여 중국인 독자들의 호응을 얻고자 하였다. 주로 중국의 관공서·학교·공공단체 등에 배포하여 한국 독립운동의 실상을 널리 전파하였다. 관동대지진 발생 당시 독립신문사 사장은 김승학(金承學, 호 希山), 주필은 윤해(尹海)였는데, 중문판 주필은 임시정부 요인이자 대표적 민족주의 사학자로 꼽히는 박은식(朴殷植)이 맡았다. 박은식은 1924년 11월경 독립신문사 사장을 맡았다가 임시정부 대통령에 취임하였다. 초기의 발행부수는 국한문판이 4,000부, 중문판이 1,000부, 모두 5,000여 부가 발행되었다. 이 신문은 상하이(上海)는 물론, 중국 관내(關內) 지역과 중국 동북(만주), 러시아 연해주(沿海州), 하와이와 미주(美洲), 국내 지역(1,500부) 등에 배포되었는데, 국내 지역에 1,500부 정도가 반입되었다. 하지만 운영난 등으로 발송 지역과 부수도 차츰 줄어들었다. 신문지 크기는 27×38.5cm 정도의 타블로이드 판형이었다.

대한민국 임시정부가 중국 국민정부를 따라 1940년 9월 충칭(重慶)으로 옮겨간 뒤 1943년 6월 충칭에서 중문판으로 재간되었다. 이 신문의 원본 대부분은 연세대학교 중앙도서관에 소장되어 있고, 일부가 독립기념관 등에 소장되어 있다. 필자는 1985년 10월 독립기념관건립추진위원회에서 영인한 『독립신문』을 활용하였다.

한인 학살 관련 주요 보도내용

관동대지진 당시 독립신문사 사장으로 일하고 있던 김승학은 후일

『망명객 행적록』이란 회고록을 남겼다. 그는 여기에서 당시 일본 나고야(名古屋) 잡지사에 근무하던 한세복(韓世復)을 도쿄 등지로 파견하여 한인 학살의 진상을 파악, 보고토록 했다고 하였다. 하지만 진상파악 활동은 한세복 혼자서 수행하기는 불가능하였다. 따라서 한세복은 당시 일본에서 재일 한인 희생 조사활동을 하고 있던 '재일본 관동 지방 이재(罹災) 조선동포 위문반'에 관여하면서 그 조사 결과를 김승학에게 보고한 것으로 추정된다.

한편 1923년 10월 5일 대한민국 임시정부의 주도로 상하이 거류 한인들은 학살사건을 조사하여 일본의 포악함을 비판, 성토하고 중국 등 세계 각지에 널리 알리기 위해 『독립신문』 사장 김승학과 윤기섭(尹琦燮), 여운형, 조덕진(趙德津), 조완구(趙琬九), 이유필(李裕弼), 조상섭(趙尙燮) 등 7명을 집행위원으로 선출하였다. 그러나 이들 집행위원 7명은 실제로 일본에 가서 진상을 직접 조사할 수 없었다. 『독립신문』이 보도한 관동대지진 관련 기사를 간단히 정리하면 다음 표와 같다.

□ 『독립신문』이 보도한 관동대지진 시 한인 학살 관련 기사

날짜	유형	기사 크기 (대·중·소)	제목(주요 내용)	비고
1923.9.4 (화)	호외	36×17cm	「東京을 中心으로 한 敵國內의 大震災」 – 지진·폭풍·해소(海嘯)·대화(大火)가 병기(竝起)하야 전시(全市)가 초토(焦土)로 화(化)함 * 일본 동경 일대의 피해소식을 전하는 한편, 한인들의 조직적 무장봉기, 200여 명 한인일단이 팔왕사(八王寺) 진입설 등을 무비판적으로 보도함	국한문 혼용

9.19(수) (164호)	정규 신문	1단(대)	「敵地 災變에 대하야」 * 피해 소식을 전함	1면 톱
		2단(대)	「적지의 대지진 大火災」 首都와 名港이 全滅되여 可驚 할 인명과 재산의 손해 사상자 50만 손해액 50억	2면
		3단(중)	「在留同胞의 동정」 - 일본 측의 유언비어를 가감 없이 수용하여 일부 한인들의 무장투쟁 사실을 보도하고, 일부 한인들의 피살 사실을 보도	2면
		3단(소)	「我 임시정부에서 적 정부 항의제출」 - 災中韓人 학살에 대하야 * 천재지변의 화를 한인에 전가, 군영에 수금된 한인 1만 5,000명, 한인 참살 등 항의 - 한인 1만 5,000명 석방, 생사자 조사 공포, 한인 학살 난도(亂徒)의 엄중징벌 등 요구	3면
10.13(토) (165호)		1단(대)	「적의 죄악」 * 군에서 동포 1만 1,100인 별도 수용 후 우전천 하반(河畔)에서 기관총으로 사살, 참절도살(慘絶屠殺)된 자 6·7千人 * 한인 피살자를 6,000~7,000명으로 파악해 보도함	1면 톱
		2단(중)	「일본 震災와 余의 辛苦」(吳竹) - 지진 시초의 광경, 화재 당시의 광경, 수용여유지(收容餘裕地) 탐방, 방화혐의로 피착(被捉), 피착동포(被捉同胞)의 참경(慘景) * 지진 당시 도쿄에 머물며 고초를 겪은 오죽(吳竹)(가명인 듯–필자)의 피학대 경험과 구사일생의 귀환 수기임	1면
		3단(소)	「광고」 上海韓人僑民大會 집행위원 - 윤기섭·조덕진·여운형·조완구·조상섭·이유필·김승학	1면
		3단(중)	「흉독한 軍閥의 手에 大杉榮 一家 全滅」	2면

		3단(중)	「敵地 災後의 彙聞」 - 사상된 총인수(總人數)(사망자만 22만여 명), 소실된 총호수(總戶數), 부흥원의 설치, 일본의 부채국화(負債國化), 교통기관의 손해, 도서관 손해 1억 원, 우편저금 3억 원 전부 사라짐, 토지소유권 불명, 석천도(石川島) 조선(造船) 폐지, 재구동포(災區同胞)의 소식, 적 관리배의 추행, 강도당(强盜黨)은 노동당	2면
		3단(소)	「敵의 한인 학살에 대한 上海 我 僑民大會」 * 10월 5일 오후 8시 삼일당(三一堂)에서 개최한 교민 보고대회 및 결의문을 보도	3면 톱
		4단(소)	「한인 학살에 대한 적의 발표, 모함적 궤변으로」 * 군부의 조작 날조된 한인 방화 · 우물에 독약, 약탈 · 강간 등 폭행 설을 비판	3면
		2단(중)	「韓人 학살의 彙報」 * 동경과 경성의 일문 및 한문 신문, 통신, 중국 언론, 조사원 보고 등 각 출처별 소식을 종합, 한인들의 피해상과 곤경을 보도함	4면 톱
11.10(토) (166호)		2단(중)	「慘死한 동포」 * 우리 **동포 수천 명**이 무고하게 귀중한 생명을 잃었음을 통탄하고 일본 정부를 규탄함	1면
		3단(중)	「我 동포 학살한 적의 대음모 발견」 - 내무당국의 악독한 정책으로 격분된 민원을 한인에게 밀어 * 우리 동포 **수천 명이 학살**되었다고 하며, 일본 당국이 일본인들의 민원을 한인 동포들에게 전가한 데 그 원인이 있다고 파악하여 보도함	1면
		2단(소)	「신문 통신 등을 압수하는 倭총독부의 폭행」	2면
		2단(소)	「災時 한인에 대한 적 외무성의 발표」	2면

		3단(소)	「적이 발표한 피살한인의 총 수」 - 총 3백 수십 명	2면
		3단(소)	「적이 모함하는 소위 한인 범행 수」	2면
		4단(소)	「한인의 所爲라 하나 其實은 일인의 범행」	2면
		4단(소)	「慘殺사건의 자백」 - 상하이 적 상업회의소에서 자기 정부에 건의서를 제출	2면
		1단(중)	「震災時 倭 官民이 협동하야 무죄동포를 참살한 鐵證과 진상이 폭로」 * 영국인이 상하이에서 발행하는 『字林報』 기사를 번역 소개	4면
		3단(중)	「흑막의 폭로」-자경단 폭행과 군경의 불법학살을 보도, 규탄	4면
		5단(중)	「적이 발표한 所謂 한인의 폭행」 - 일본정부가 발표한 한인 폭행 사실을 날조라고 비판하면서도 각 사례를 게재	4면
11.14(수) 中文版 36호		2단(대)	「震災時日政府虐殺韓僑之大陰謀發見」	1면 2단
		2단(대)	「中國人不要受欺!」 * 중국인들이 일본 당국의 간계에 속지 말라는 호소	2면 2단
12.5(수) (167호)		1단(대)	「1만의 희생자!!!」(본사 被虐殺僑日同胞 특파 조사원 제1신) - "슬프다 7천의 가련한 동포가 적지에서 피바다를 이루엇다." * 각 지역별 희생자 통계를 적시하고 합계 6,661인이 피살된 것으로 파악, 보도함	1면 톱
		3단(중)	「학살된 동포를 위하야 悽悵痛切 추도회」	1면
		4단(소)	추도문	1면
		5단(소)	추도가	1면
		3단(소)	「德國人이 目覩한 한인 慘殺 사건」	2면

		3단(소)	「한인 학살에 대한 在美韓友會 궐기」	2면
		3단(소)	「可殺者 駐日美使 한인 학살설을 부정」	2면
		3단(소)	「千葉縣에서 생긴 한인 학살사건」	2면
		4단(소)	「한인 慘殺犯人을 겨우 징역 5년 이하」	2면
		5단(소)	「倭當局 詭譎手段」	2면
		1단(대)	「韓人 학살에 대한 日人의 평론」 -요시노 사쿠조(吉野作造)의 『중앙공론(中央公論)』에 실린 논평을 소개함	4면 톱
12.26(수) (168호)		3단(대)	「뿌博士 訪問記(상)」 - 한인 대학살은 진정	1면
		5단(중)	「적에게 학살된 동포 橫濱에만 1만 5천」 - 총계 2만 1,600여 명 * 독일인 푸크할트 박사의 증언을 토대로 한인 2만 1,600여 명 피살로 종합 보도	2면
		5단(중)	「殘極虐極한 慘狀」	2면
1924.1.1(화) (169호)		3단(중)	「敵 議會에 現한 韓人 虐殺問題」 -"의원의 질문에 대하야 정부 당국은 답변 회피. 학살의 책임이 정부에 잇다고"	2면

출처: 독립기념관 건립추진위원회, 1985, 『獨立新聞』(영인본)에서 발췌

1923년 9월 3일 발행된 호외는 매우 주목되는 내용을 담고 있다. 특히 재일한인 200여 명이 무장봉기 등을 일으켰다는 소식을 보도하여 '적국' 일본의 심장부 도쿄에서 독립운동이 전개되기를 기대하는 심정을 반영하였다. 당시 와전된 소식을 전해듣고 게재했을 것으로 추정되지만, 이러한 신속한 보도는 중국 상하이에서 활동하고 있던 독립운동가들의 기민한 국내외 정세 및 동향 파악과 긴급 대응활동 등을 잘 반영하고 있는 것이라고 하겠다.

한편 1923년 12월 26일 자 기사는 더욱 충격적이다. 피살 한인 총계가 무려 2만 1,600여 명에 달한다는 것이다. 주요 내용을 살펴보면 다음과 같다.

> "적에게 학살된 동포 횡빈(橫濱)에만 1만 5천 총계 2만 1천 6백여 명 적지(敵地) 진재시(震災時) 적에게 학살된 동포의 수에 대하야 자못 그 적확(的確)한 숫자(數字)를 알기 어렵다가 본사 특파원의 조사한 바에 의하야 6천 6백여 명으로 알게 되엇던 바 덕국(德國, 독일－필자) 뿌박사가 발표한 바에 의하면 횡빈(橫濱)에서만 1만 5천의 학살이 잇섯다 한즉 본사 특파원이 조사한 바는 횡빈(橫濱)의 분(分)이 포함되지 아니한 모양이니 그러고 보면 지금까지 보도되는 바를 종합하면 전부 2만여 명이라는 가경(可驚)할 다수로 산정(算定)되더라."
>
> －『독립신문』 168호, 1923.12.26, 2면

이 보도에 따르면 독일 푸크할트 박사가 요코하마에서만 1만 5,000명의 학살이 있었다고 증언한 바에 따라 독립신문 특파원이 조사한 6,600여 명을 합산하여 2만 1,600여 명으로 파악한 것이다. 그러나 독립기념관의 윤소영 등 일부 학자들은 이 숫자에 대해서는 당시 관동 지방에 거주하던 한인 규모에 비하면 너무 많다는 의견을 밝히고 있다. 따라서 좀 더 광범위한 자료를 수집·검토하여 치밀한 분석을 할 필요가 있다. 하지만 북한학계에서 이미 1980년대 초반 2만 3,000여 명 피살설을 정립했기 때문에 이 수치를 뒷받침할 만한 자료나 증언을 확보하는 것이 긴요하다고 판단된다.

한편 한인 대학살의 참상을 목격하고 그 사실을 적극적으로 폭로·비판한 독일인 목격자 푸크할트 박사를 방문·대담하고 쓴 기사 "뿌박사 방문기"를 게재하였는데, 당시 참상을 매우 사실적으로 전하고 있는 것으로 보인다. 고일청(高一淸)·황진남(黃鎭南) 양인 재독유학생의 방문을 맞아 대담한 푸크할트 박사는 다음과 같이 힘주어 강조하였다.

> "사실에 당하여 아무 것도 모르게 된 민중을 군인이 그와 같이 지도한 때문에 그런 참극이 생(生)하였습니다. 원래 석방된 3천여 명 죄수 중 일본인은 적어도 한인의 10배는 될 것임에 불구하고 당시 횡빈(橫濱, 요코하마)에서는 약탈하는 것은 전부 한인(韓人)이라고 군인이 민중을 선동한 때문에 인민들은 모두 한인이 그런다고 부르짖었습니다. 그리고 이 참상은 나만 보고 들을 뿐 아니라 일본서 발표한 영자보(英字報)에 공보(公報)로 발포(發布)한 것이 있고, 서서국(瑞西國, 스위스: 필자) 친구 한 사람은 나보다 더 자세히 보았습니다."
>
> –『독립신문』 168호, 1923.12.26, 1면

학살사태의 책임이 결국 군 등 정부 당국에 있고, 일본인들이 군인들의 잘못된 선동에 따라 한인 학살을 자행하였으며, 그러한 사실 목격의 사실성을 거듭 강조하고 있는 귀중한 증언기록이라 할 수 있다.

2013년 7월 29일 일본 도쿄 현지 출장조사에서 만난 일본 NGO 니시자키 마사오 선생은 위 『독립신문』(12월 5일 자 1면)의 가나가와(神奈川) 한인 피살 기록은 좀 과장된 듯하다는 의견을 피력했다. 그러나 도쿄는 위 통계가 실제 진상과 비슷할지 모른다고 했다.

이하에서 『독립신문』의 보도가 끼친 파급 효과와 그 영향, 특히 한국과 북한, 일본, 미국 학계의 동향과 서술 내용을 개략적으로 검토하기로 한다.

앞의 표 '『독립신문』이 보도한 관동대지진 시 한인 학살 관련 기사'에서 볼 수 있는 것처럼 『독립신문』에는 한인 학살 관련 기사가 여러 차례에 걸쳐 보도되었다. 이에 따라 한인 피살 규모도 6,000~7,000명(10월 13일 자), 수천 명(11월 10일 자), 1만·7,000·6,661명(12월 5일 자), 2만 1,600여 명(12월 26일 자)으로 보도되어 정확한 피해 규모를 산정하기가 쉽지 않다. 그런데 후일 관동대지진 시 한인 희생자 규모는 『독립신문』 12월 5일 자(167호)에 보도된 6,661명으로 거의 굳어지게 되었다.

관동대지진 시 한인 학살 관련 『독립신문』 보도기사 소개(일부)

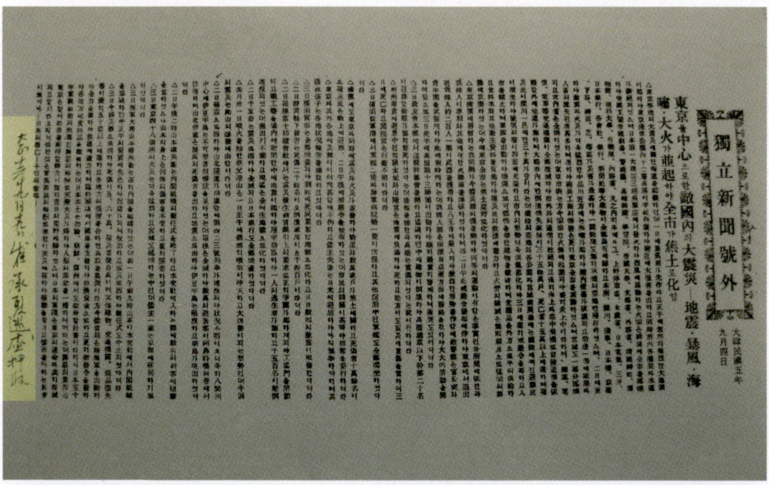
獨立新聞號外
大韓民國五年 九月四日
東京을中心으로한 敵國內의 大震災 — 地震·颶風·海嘯·大火가 並起하야 全市가 焦土로化함

독립신문 호외(1923.9.4) 출처: ⓒ 장세윤

1923년 9월 19일 최승렬(崔承烈) 순사가 압수했다고 왼쪽 끝에 쓰여 있는 것을 볼 수 있다. 이로써 독립신문사에서 국내로 발송했다가 일제 당국에 압수된 사실을 확인할 수 있다.

獨立新聞

敵地災變에對하야

國內水災의消息

東三省保安司令部의

所謂外匪滅絶策

代理部設置廣告

▎ 독립신문의 관동대지진 최초 보도기사(1923.9.19) 출처: ⓒ 장세윤

"적지(敵地) 재변(災變)에 대하야"라는 제목으로 1면 톱기사로 대서특필하고 있다.

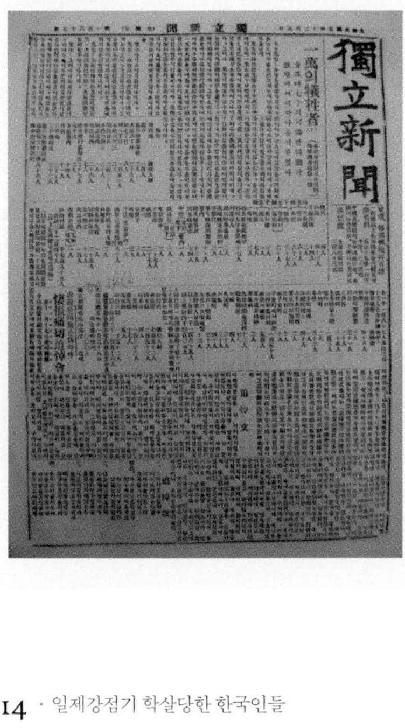

獨立新聞

一萬의犧牲者

▎ 〈그림 3〉『독립신문』에 실린 관동대지진 희생 한인 조사 통계 및 추도행사 보도 기사(1923.12.5)

추도문과 추도가도 실려 있다. 출처: ⓒ 장세윤

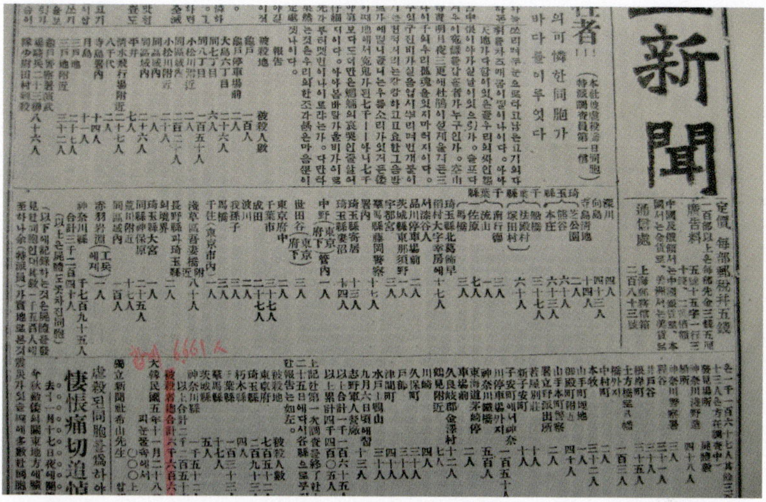

▎『독립신문』의 한인 희생자 조사 통계 보도 기사 세부(1923.12.5) 출처: ⓒ 장세윤

모두 6,661명이 희생된 것으로 파악하였다.

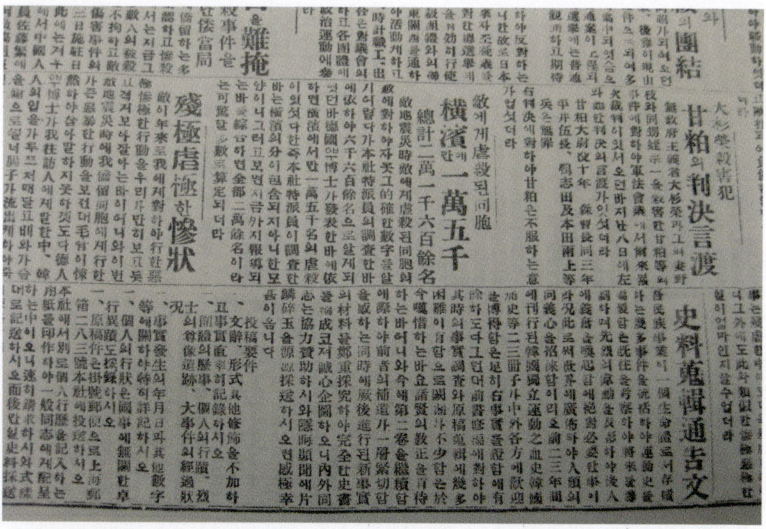

敵에게虐殺된同胞

橫濱에만 一萬五千

總計二萬一千六百餘名

殘極虐極한慘狀

甘粕의判決言渡

史料蒐輯通告文

▎한인 희생자를 총계 2만 1,600여 명으로 파악한 『독립신문』기사(1923.12.26) 출처: ⓒ 장세윤

"적에게 학살된 동포 횡빈(요코하마)에만 1만 5,000 총계 2만 1,600여 명"으로 보도하고 있다.

13

일제 당국의 조선인(한인) 강제연행

2021년 10월이면 한국의 대법원 전원합의체가 일제 강제동원 피해자들의 배상 판결을 확정한 지 3년이 된다. 그러나 2021년 6월 7일과 8월 11일 서울지방법원은 연달아 일본 기업을 대상으로 하는 일제 강제동원 피해자들의 손해배상 소송에 대해 손해배상 청구권을 인정하지 않는 판결을 내렸다. 대법원의 판결을 하급심이 정면으로 뒤집은 것이다.

근래 존 마크 램지어(John Mark Ramseyer) 미국 하버드대학교 교수나 이영훈 전 서울대학교 교수 등은 강제징용은 존재하지 않았다고 주장하고 있다. 그러나 일본인 학자 도노무라 마사루(外村大) 교수가 간행한 『조선인 강제연행』은 일제 당국이 조선인(한인)들을 어떻게 강제로 연행했는지 상세히 파헤칠 뿐만 아니라, 오늘날까지 문제의식을 지속함으로써 '조선인 강제연행' 문제 해결이 곧 현재 당면한 외국인 노동자 문제 등 사회문제 해결과 연계되어 있다고 주장했다.

도노무라 교수의 연구에 따르면 1944년 9월 조선총독부의 징용령 시행 이전에도 강제동원은 존재했다고 한다.

즉 우리가 흔히 알고 있던 것과 달리, 조선인은 1944년 9월 전까지는 징용되지 않았다. 법적으로 조선인이 징용당한 기간은 채 1년도 안 되

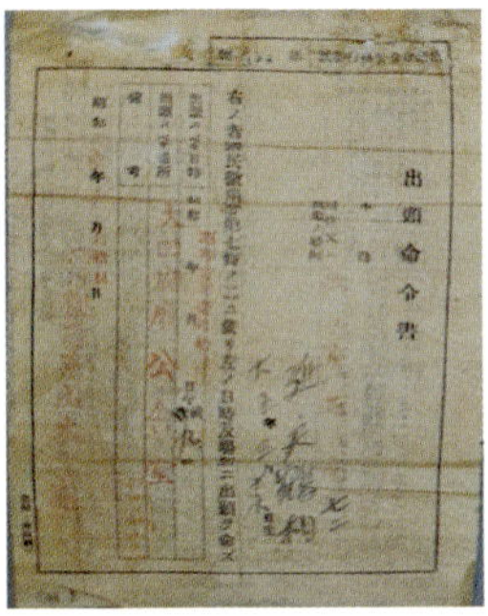

징용 출두명령서(1945.1.13)
출처: 『독립기념관 전시품 도록』, 80쪽

1940년대 전반 일본 군수성 석탄통제회의 석탄 증산 선전 포스터
출처: 다케우치 야쓰토(竹内康人), 2013, 『조사·조선인 강제노동』 ①, 東京, 社會評論社

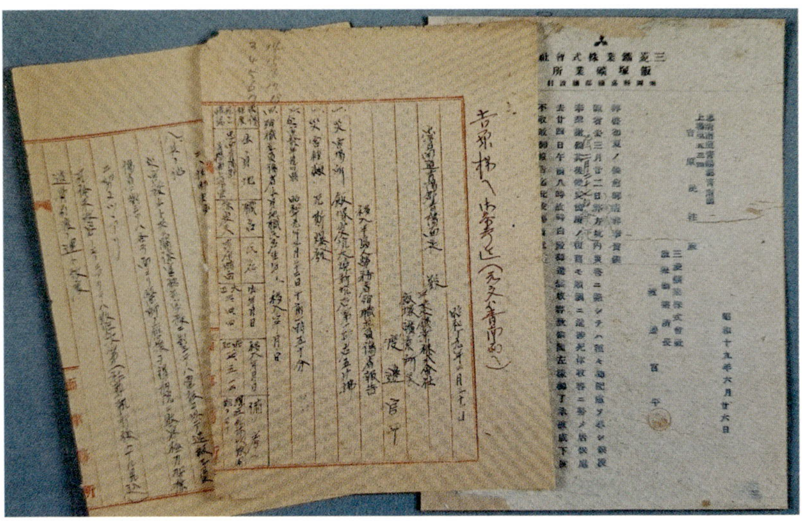

징용 한국인 사망통보서(1944.3·6)
출처: 『독립기념관 전시품 도록』, 1995, 81쪽

는 기간이었다. 반면 일본인은 1939년 8월부터 징용되었다. 그렇다면 이전까지 조선인에 대한 강제적 노동이 없었는가? 그렇지 않다. 1939년부터 실시된 '노무동원계획'과 1942년부터 실시된 '국민동원계획'에 기초해 조선인들은 일본 내지(內地)의 탄광이나 토건공사 현장에 끌려갔다. 이는 법적으로 징용이 아니었다. 박경식은 1939~1945년까지 군인·군속을 포함하여 약 600만 명이 전쟁에 끌려나갔다고 했다(『조선인 강제연행의 기록』, 고즈윈, 2008, 17쪽). 그러나 정혜경은 더 많은 780여 만 명으로 파악했다(『일본의 아시아 태평양전쟁과 조선인 강제동원』, 동북아역사재단, 2019, 111쪽).

노무 동원이나 국민 동원은 원래 희망자를 우선시하고 직업소개나 관(官) 알선을 기반으로 행해지는 것이었지만, 식민지 조선에서 그러한 규칙은 지켜지지 않았다. 면장이나 면사무소 직원들에게 강제로 끌려가거나 협박을 받아 억지로 끌려가는 경우가 대부분이었다.

그러면 왜 조선인은 일본인에 비해 늦게 징용되었는가? '징용'은 법적 강제성을 띠고 있다. 국가가 구성원인 국민의 의사를 무시하고 강제로 징용하는 만큼 국가는 징용자에 대해 최소한의 대우를 해줘야 했다. 예를 들면 일본인 징용자는 한인들이 주로 간 탄광이나 토건공사 현장과 같이 위험한 일터에 가지 않았고, 거의 사는 곳 근처의 공장 등 일정한 편의를 봐주고 있었다. 또한 징용자의 부양가족에 대해서도 국가에서 원호비를 지급하는 등 복지체계를 갖추고 있었다.

하지만 식민지 조선에 대해서는 그러한 징용이 이루어질 이유가 없었다. 일제 당국 입장에서 조선인은 국민으로서 최소한의 대우조차 해줄 의무가 없는 존재였다. 즉 조선인은 같은 시기 일본인에 비해 더 심한 강제연행을 당했음에도 일본인이 받는 혜택의 일부조차 받지 못했던 것이다.

조선총독부는 당초에는 일본 본토의 이러한 시책에 반대하였다. 이미 관할지인 조선 내부에서도 농민들의 상당수를 만주(중국 동북)나 한반도 북부 지방으로 이주시켰는데, 더 많은 사람을 일본으로 연행한다면 조선의 식량사정에 문제가 될 것이기 때문이었다. 특히 최소한의 복지도 없는 강제연행은 한국인들의 반발을 불러일으켜 폭동도 일어날 수 있는 것이었다. 그래서 조선인은 징용 대상에서 제외되었지만, 법체계를 벗어나 강제로 연행되었다.

그러나 중국·미국과의 전쟁이 격화되고 패전색이 짙어지는 1944년 후반기부터는 어떻게든 조선인 인력을 동원할 필요가 있었다. 일본 당국은 결국 패전 1년 전, 식민지 조선에도 징용령을 시행하였다. 일제 당국이 조선인들을 강제로 동원하기 시작한 것이다. 이에 따른 대우나 복지가 뒤따라야 하지만, 실질적으로 달라진 것은 거의 없었다. 결국 일제의 강제연행으로 인한 보상을 받은 조선인(한인)은 단 한 명도 없었다고 한다.*

아직까지 일본 당국이나 조선총독부 당국의 조선인(한인) 강제연행의 실상은 제대로 규명되지 않고 있다. 일본인 전문가 다케우치 야쓰토(竹內康人)는 노무로 강제연행된 조선인 70만여 명 가운데 탄광에 33만 명 가량이 보내졌다고 했다. 아쉽게도 강제연행이나 징용으로 희생된 한인들의 규모는 정확히 파악되지 않고 있다.

* 이상의 주요 내용은 '도노무라 마사루(김철 옮김), 2018, 『조선인 강제연행』, 뿌리와 이파리'를 주로 참조함.

14

중국 해남도(하이난섬) 한인 학살사건

1945년 8월 일본의 패망 직전 중국 최남단의 해남도(海南島)에 동원된 한인 1,000여 명이 참혹하게 희생되고 말았다. 그러나 우리는 이런 사실을 잘 알지 못한다.

"중국 해남도(하이난섬)의 조선촌에 묻혀 있는 조선인 학살 매장지는 일본 침략범죄의 증거이자 현장입니다. 한국 정부 차원의 유해발굴 작업이 이뤄져야 하는데 그렇지 못해 안타깝습니다."

"일본은 1868년부터 시작된 국민국가 형성 과정에서 식민지와 점령지를 확대해갔어요. 국민국가 일본의 역사는 타 지역, 타 국가 침략의 역사였습니다."

- "징용 학술대회 참석 차 제주 찾은 사토 쇼닌 대표", 『한겨레신문』, 2017.5.31

지난 2017년 5월 28일 한국을 방문한 사토 쇼닌(佐藤正人, 당시 75세) 일본 '해남도 근현대사연구회' 대표의 말이다. 사토 대표에 따르면, 일본 육·해군이 해남도를 침략한 것은 1939년 2월이다. 일본 기업은 일본 점령하에 있던 해남도에서 일본군과 함께 자원 약탈과 주민 학대를 자행하고, 식민지 조선과 대만, 중국 대륙 각지에서 연행한 사람들을 강제 노동시키고 학살했다.

일본 당국은 부족한 노동력을 보충하기 위해 1943년 3월부터 조선 각지 형무소에서 수감 기간이 몇 년 남은 수형자들을 선발해 '남방 파견 조선보국대'라는 이름의 단체를 조직해 해남도에 보내기 시작했다. 가출옥 상태로 나왔다가 거리를 지나거나 주소가 분명치 않은 사람들이 붙잡혀 가기도 했다. 이들은 해남도에서 광석 채굴, 비행장 건설, 도로와 교량 건설 등에 종사하다가 대부분 희생됐다. 해남도에 강제동원된 조선인들은 일본 해군·군속과 일반인 등 2,000여 명으로 추정된다.

마지막까지 살아남았던 조선보국대 대원들은 해남도 남쪽 싼야시(三亞市) 교외의 난딩촌(南丁村)에 집결해 군용도로, 동굴(갱도 진지) 건설 등에 동원된 뒤 1945년 8월 패전 직전 무자비하게 학살됐다. 일본군이 떠난 뒤 난딩촌은 조선인들을 애도하기 위해 '조선촌'으로 마을 이름을 바꿨다.

'기슈 광산의 진실을 밝히는 모임'에서 활동하던 사토 쇼닌 씨는 2004년 9월 '남방 파견 조선보국대'의 진상규명 자료를 일본 정부에 요청했으나 '자료가 없다'는 답변만 들었다. 2006년에는 공적 기관에 의한 전면 발굴을 촉구하기 위해 조선촌의 조선인 유해를 시험 발굴했다가 중단됐다. 그는 일본의 침략범죄를 밝히기 위해 조선촌의 유해 발굴이 필요하고, 명단도 밝혀져야 한다고 본다.

"일본 기업과 군인들이 해남도에서 많은 범죄를 저질렀어요. 조선촌에서 있었던 일은 일부분에 불과해요. 해남도 전체에서 어떤 범죄를 저질렀는지 규명하고 싶어요. 특히 조선촌 학살 매장지는 일본군 범죄 현장 중에서 유일하게 확실한 곳이라 매우 중요합니다."

1939년 2월에서 1945년 8월까지 해남도에서 일본군과 일본 기업이 살해한 아시아 민중은 일본군 문서와 기업 문서만 따르더라도 7만 명 이상으로 추정된다고 사토 쇼닌 씨는 밝혔다.*

현재의 해남도에서는 떠올리기 힘든 '지옥' 같은 삶을 겪은 이들은 78년 전인 일제강점기 한반도에서 강제로 끌려간 한인들이다. 일본 당국에 의해 강제동원돼 인간 이하의 대우를 받으며 강제노동을 한 이들은 해방 직전 현지에서 눈을 감았다. 거의 80여 년이 흘렀지만, 여전히 그들은 고국으로 돌아가지 못한 채 땅 아래 묻혀 있다.

현재 고층 건물들이 들어서 있는 싼야(三亞) 시내에서 차로 20분 정도 가면 열대림 주변의 농촌 마을 '난딩촌(南丁村)'에 이른다. 단층 가옥들이 모여 있는 이 마을의 원래 이름은 '조선촌'이었다.

현지 주민 린관차이(56세) 씨는 "딱히 마을 이름이 있던 곳이 아니었는데, 일본군이 끌고 온 조선인들이 모여 살았다"며 "그때부터 조선촌

* 허호준, 「해남도 조선촌 유해 발굴해 일본군 범죄 철저히 밝혀야」, 『한겨레신문』, 2017.5.31 기사 참조.

으로 불리게 됐다"고 말했다. 그는 돌아가신 아버지에게 들었던 이야기라며 다음과 같이 증언했다.

> "일본군이 조선인을 나무에 매달아 막대기로 머리, 몸, 다리 등 온몸을 사정없이 때리는 일이 매일 벌어졌대요. 말라리아나 콜레라 등 병에 걸린 사람들은 어딘가로 끌고 갔는데, 돌아온 이들이 없었고요. 다 불에 태워 죽였다고 하더군요."

- 『세계일보』, 2019.9.20

현지인의 이야기는 일제 만행의 극히 일부에 불과했다. 마을 입구에서 10분 정도 걸어가면 벽돌로 둘러싸인 공터에 이르는데, 바로 '천인갱(千人坑)'이다.

현장에 세워진 추모비에는 한인들이 강제로 끌려와 혹독한 노동에

천인갱 개요	
천인갱	일본군 등이 중국 하이난에 조선인 2,000여 명을 강제동원해 노역을 시킨 뒤 최대 1,200~1,300여 명을 학살해 묻은 현장
강제동원 대상	'남방파견보국대'란 명목으로 조선 각지 형무소에서 징발된 '수형자' 2,000여 명. 상당수가 일본의 식민지 통치에 저항한 이른바 '불령선인'으로 지목됐던 이들
강제동원 목적	철광석 광산, 철로, 항구, 비행장 등을 건설할 노동력 충원 위해
현재 발굴 현황	유해 130여 구 발굴, 유해 1,000여 구 땅 속에 묻혀 있음
유해 봉환 실적	없음

출처: 이귀전, 「학살로 '천인갱'에 묻힌 조선인들… 죽어서도 못돌아왔다」, 『세계일보』, 2019.9.20

시달리고 끝내 집단학살된 후 이곳 천인갱에 묻혔고, 현재 130여 구의 유골이 발굴됐다는 내용이 새겨져 있다. 이곳이 한인들이 학살당한 '천인갱'이란 사실을 알리는 유일한 존재가 이 비석이다.

중국 해남도 천인갱에 세운 추모비
추모비 주변이 잡초로 뒤덮여 있다.
출처: ⓒ 하이난천인갱희생자추모회

일본군은 1939년 해남도를 침공해 전쟁물자 조달을 위한 원료 보급 기지로 활용했다. 철광석 광산, 철로, 항구, 비행장 등을 건설할 노동력 충원을 위해 조선 각지 형무소에서 징발된 '수형자' 2,000여 명을 이 섬으로 강제로 보냈다. 이들 상당수는 불령선인(不逞鮮人, 일제에 저항한 조선인을 부정적으로 이르던 말)이었다.

천인갱에 묻힌 이들은 강제노역 도중 사망자만 있는 것이 아니다. 일제는 패망 후에도 한인들에게 해방 소식을 알리지 않은 채 학대하고 살해한 후 천인갱에 묻었는데, 전체 매장된 한인이 1천여 명(최대 1,300명 설도 있음)에 이르는 것으로 추정된다.

중국 지방정부의 "일군해남성침공실록(日軍海南省侵攻實錄)"에는 중요한 기록이 있다. "1945년 8월 15일 일본이 패망한 뒤 고립된 일본군 부대가 조선인 징용 1,000여 명을 동원, 싼야시(三亜市) 난딩촌((南丁村) 부근의 산기슭에 굴을 파고 무기와 군수물자를 은닉하면서, 이 작업에 동원된 조선인들에게 은닉장소 옆에 굴을 파게 한 뒤 총알을 아끼기 위해

▎'천인갱' 희생자의 유해 발굴 장면 출처: ⓒ 하이난천인갱희생자추모회

이들을 무자비하게 살해하고 매장했다."(『세계일보』 2019.9.20 기사 참조)

현지의 '사단법인 하이난천인갱희생자추모회'에 따르면 "일제 강제 동원 피해와 관련해 일본군'위안부'와 군함도 등은 국민들에게 널리 알려진 데 반해 해남도의 '천인갱'에 대한 인식은 별로 없는 것이 현실"이라고 한다.

일제강점기 여러 형무소에서 복역 중이던 이들은 '형기를 줄여준다'는 거짓에 속아 이역만리에서 갖은 노역에 시달리다 생을 마감했다. '조선보국대(朝鮮報國隊)' 또는 '남방파견보국대'라는 명칭으로 1943년부터 끌려갔으며 일곱 차례에 걸쳐 총 2,000여 명이 강제동원됐다. 국내로 돌아온 700여 명을 제외한 1,000여 명이 이 섬에서 목숨을 잃었다.

이들은 도로 및 항만건설과 광산채굴, 비행장건설 등지에서 강제노역에 시달렸으며, 굶주림을 비롯해 풍토병, 폭행, 고문, 살해 등에 시달려야만 했다. 특히 일본군은 1945년 일본의 패망 직후 자신들의 만행을 감추고자 남겨진 한인들을 모두 살해한 후 한 곳에 매장했다.

해남도의 일본군'위안부' 피해자

중국 해남도에는 실제 위안소 건물로 쓰이던 곳이 현재까지도 그대로 남아 있다. 싼야시(三亞市) 북쪽 반령저수지 끝자락 온천마을에 있는 건물에는 현지 주민이 거주 중이며, 일본이 이 섬을 침략했을 때 온천을 개발하면서 동시에 일본군 위안소도 함께 만들었다.

이 위안소에 있던 한인 '위안부' 7명은 고국으로 돌아오지 못하고 그곳에서 사망했으며, 위안소가 위치한 뒷산에 묻혔다. 이들의 묘소에는 나무로 만든 묘비가 세워졌으나 농장 개발로 인해 묘비마저 사라지고 말았다. 일본은 대만척식주식회사를 통해 해남도 곳곳에 위안소를 설치했다. 중국 정부에 따르면 위안소 76개소와 '위안부' 1,300여 명이 확인된 것으로 보아 실제로는 그보다 많을 것으로 추정된다.

한국 정부는 지난 2011년 대일항쟁기 강제동원 피해조사 및 국외 강제동원 희생자 지원위원회를 통해 해남도 '위안부'에 대해 발표했다. 위원회에 따르면 주요 위안소에 5명~6명의 한인 '위안부'가 있었고, 특정 위안소에는 최대 50명이 넘는 한인 여성들이 '위안부'로 동원되는 등 총 210명 이상의 한인 '위안부'가 이 섬으로 끌려갔다고 한다.

1944년 9월 구출된 일본군'위안부'　출처: 『독립기념관 전시품 도록』, 1995, 81쪽
오른쪽 끝이 박영심(북한 거주, 사망)

특히 1945년 일본의 패망직후 해남도에 남게 된 '위안부' 김옥주 할머니는 1946년 일본을 거쳐 부산을 통해 귀국했으며, 다른 '위안부'들 또한 그곳에서 만난 한인과 결혼해 따로 귀국하는 등 해남도를 떠났다.

그러나 일본군의 만행으로 치욕스러운 삶을 살아야 했던 박래순 할머니는 끝내 고향으로 돌아갈 수 없었다. 한평생을 고통 속에서 살았던 할머니는 1995년 이 섬에서 사망했는데, 마을 주민들이 할머니 묘소에 비석을 세웠다. 박래순의 증언은 중국 하이난성(海南省) 정부가 1995년 출간한 일본침략 증언집 『철발굽 아래의 피비린내(鐵蹄下的腥風血雨)』를 통해 세상에 알려졌다.

박 할머니는 1941년 경상남도에 있는 고향마을에서 '중국으로 가서 일본 군인을 위해 취사와 세탁, 간병 등을 하면 매월 급료를 받을 수 있다'는 거짓에 속아 열차로 중국 동북부에 위치한 무순(撫順)까지 연행됐다. 이후 1942년 2월 중국 본토에서 일본의 군함으로 해남도 하이커우(海口) 위안소로 끌려갔고, 1943년 1월에는 싼야시에 위치한 위안소와 홍사에 위치한 구가원이라는 위안소까지 끌려 다녔다고 한다.*

1940년대 태평양전쟁기 일본산업보국회의 증산 선전 포스터

출처: 다케우치 야쓰토(竹內康人), 2013, 『조사·조선인 강제노동』 ②, 사회평론사

* 독립기념관 한국독립운동사연구소, 2005, 『일제강점하 국외 한인 피해 실태조사 보고서』 1(중국 해남도 지역), 독립기념관, 16~36 · 39~69쪽.

15

일제 패망 직후 사할린 일본인·경찰의 한인 학살

일본이 1945년 8월 15일 패망 직후 사할린 한인(조선인)을 학살한 대표적인 사건으로 미즈호 사건과 카미시스카 사건이 있다. 모두 무고한 조선인들을 잔혹하게 무차별 살해했다. 제노사이드(genocide, 집단학살)였다.

1945년 8월 20일부터 미즈호 마을은 엿새 동안 생지옥이 되었다. 카미시스카 학살사건은 국경 인근에서 피난길에 오른 한인 등 18명을 카미시스카(현 레오니도보) 파출소에서 일본 경찰들이 총살하고 불까지 지른 사건이다. 재판 기록 가운데 학살을 주도했던 일본 경찰들에 대한 체포명령서가 발견됐다. 하지만 세상과 국가의 무관심 속에 학살 가해자인 일본 경찰들은 76년이 지난 아직도 오리무중이다. 특히 생후 6개월의 갓난아기 등 어린이들까지 '소련 첩자(스파이)'라는 누명을 쓰고 부모와 함께 희생됐지만 마지막 흔적조차 찾을 수 없다.

'제2의 관동대지진 학살'

해방 직후에 벌어진 사할린 조선인 학살사건은 조국을 되찾게 된 시점에서 발생한 비극적인 사건이지만, 아직도 사할린 한인(조선인) 학살 사건의 정확한 피해 규모조차 확인되지 않고 진실은 묻혀 있다. 그래서 '제2의 관동대지진'이라고 한다. "조선인은 소련의 스파이"라는 근거 없는 단정이 '학살'로 비화한 것이다.

최근 입수한 재판 기록을 보면 "1945년 8월 22일 소련군이 남사할린에 진격하면서 미즈호 마을에서 조선인 성인 남녀와 아이들이 모두 몰살"됐고 희생자 수는 애초 알려진 27명이 아닌 35명에 이른다는 내용이었다. 12년 전 한국 조사단은 진상 규명을 통해 미즈호 사건의 희생자가 '27명'인 것으로 결론 내렸다. 소련의 재판 기록을 일본어로 번역한 문건을 확보해 분석한 결과 희생자가 35명 이상이라는 내용이 최근에 확인됐다. (이정훈, 「"6개월 갓난아이까지 학살"… 사할린 조선인 학살사건의 비밀」, 『KBS 뉴스』, 2019.8.15)

사할린의 한 문서보관소에서 재판기록들이 발견되면서 그동안 사할린 한인들 사이에 떠돌던 이야기들이 모두 사실로 밝혀졌다. 학살 가담자들이 심문조서를 통해 밝힌 살해 이유는 조선인들이 '소련 스파이'였다는 황당한 내용이었다.

사할린에서 조선인들이 이미 오래전부터 일본 비밀 정치경찰의 특별 관리 대상이었다는 사실이 확인되었다. 조선인들은 이른바 '불령선인(不逞鮮人)'으로 낙인찍혔다. 특히 일본 경찰과 기업 등의 엄격한 감시와 통제에 놓여 스파이로 의심할 만한 어떤 행동도 할 수 없는 상황이었다.

하지만 수많은 조선인들이 스파이 누명을 쓰고 억울하게 희생됐다.

지금까지 밝혀진 미즈호와 카미시스카 이외에도 사할린 우글레고르스크(당시 에스토루) 등에서도 조선인 학살사건이 있었다는 증언이 있다.

조선총독부 자료에 따르면 사할린으로 강제동원된 조선인 수는 최소 1만 6,000여 명이었다. 사할린은 다른 지역보다 행방불명 등 강제동원된 조선인들의 미귀환 비율이 34.3%로 매우 높다. 일부는 징벌방(타코베야)에서 강제 노역을 겪고 사할린에서 일본으로 이중 징용까지 당했다. 사할린 한인은 일본의 강제동원과 귀향길을 막은 소련, 이들을 외면한 일본 당국과 조국 때문에 큰 고통과 어려움을 겪어야 했다.

사할린의 전체 인구는 1905년 일본이 러일전쟁에 이겨 북위 50도 이남의 사할린 남부를 점령한 후부터 급격히 늘기 시작했으며, 한인들의 숫자는 태평양 전쟁이 시작된 1941년 무렵부터 크게 늘어났다. 전쟁 막바지에는 4만 3,000명까지 늘어났다. 사할린의 탄광 등에 강제징용으로 끌려갔기 때문이다. 현재 사할린의 한인은 2만 5,000명이다. 사할린 전체 인구 50만 명의 5%에 해당한다(이정식, 「다시보는 '사할린 한인 학살사건'」, 『세종경제신문』, 2017.10.3).

1945년 8월 15일 천황 히로히토의 무조건 항복 선언으로 태평양전쟁이 마침내 끝났다. 그러나 사할린에서는 일본의 항복 명령이 전선에 제대로 전달되지 않은 탓에 8월 15일 이후에도 일본군과 소련군 간의 교전이 계속되었다. 이 와중에 1923년 관동대지진 때와 같은 조선인 학살 만행이 사할린에서도 자행되었다.

미즈호 학살사건

미즈호 학살사건은 일본의 항복선언 닷새 후인 1945년 8월 20일~22일(3일간) 사할린의 서부 해안 도시 홀름스크에서 내륙으로 40km가량 들어간 미즈호(현재의 이름은 포자르스코예) 마을에서 일본인들이 벌인 한인 집단 살해 사건이다.

일본 히로시마(廣島)에 원자폭탄이 투하된 이틀 후인 8월 8일, 소련은 대일 선전포고를 하고 일본군을 공격했다. 당시 일본영토였던 남사할린에서는 소련군이 남진해오자 혼란상태에 빠졌다. 이들은 마을별로 제대군인들과 마을 청년들로 의용전투대를 결성했다. 그런 상황에서 미즈호 마을에서 일본인 의용전투대가 이 마을 한인 27명(최근 확인한 바로는 35명)을 일본 군도와 죽창 등으로 무참하게 살해하는 끔찍한 사건이 발생했다. 3명의 여성과 어린이 6명이 포함되었다. 냉동창고에 갇혔다가 바다에 던져진 사람도 있었다. 이 마을에서는 일본인들과 한인들이 함께 살아와 서로 잘 아는 사이였다.

이는 일본 헌병의 사주와 비호 아래 저질러진 학살이었다. 당시 일본인들 사이에는 '조선인들 속에 소련의 스파이가 많다,' '조선인들이 소련군에 협력하여 일본인들에게 해를 입힐 것이다,' '조선인들이 폭동을 일으키려고 한다'는 등의 유언비어가 깊숙이 퍼져 있었다. 소련군 중에는 우리와 생김새가 비슷한 몽골 계통의 군인도 있었고, 러시아에 귀화한 고려인도 섞여 있었다. 일본인들은 사할린의 조선인들이 이들 소련군과 내통한다고 의심했다.

미즈호에서의 참혹한 학살사건은 그대로 묻힐 뻔했다. 그런데 1946년

초, 이상한 소문이 소련 정보기관의 귀에 들어가기 시작했다. 1945년 8월 소련군이 사할린으로 진격할 당시 미즈호 지역 어딘가에서 일본 경찰들이 한인 몇 가족을 학살했다는 소문이 있었던 것이다.

소련의 방첩기관 스메르쉬의 고라쇼브 소령은 꼬레니프스키 소위에게 진상 조사를 지시했다. 일본인들을 전범으로 처벌할 증거를 찾기 위한 것이었다. 꼬레니프스키 소위는 마침내 한국 출신 61세 농민 윤양원의 다음과 같은 증언을 들을 수 있었다.

"2월 말에 저는 지금 일하고 있는 어류 공장에서 미즈호 마을로 소를 사

한국인 피살자 27인 추념비
포자르스코예 도로에서 조금 들어간 나지막한 언덕에 1996년 대한민국 사단법인 해외희생 동포 추념사업회가 세운 '한국인 피살자 27인 추념비'. 뒤에는 다음과 같은 설명이 적혀 있다.

"1945년 8월 20일부터 22일까지 3일간 포자르스코에에서 일본인들이 제2차 세계대전에 패망한 분풀이로 곧 진주할 소련군에 협력하여 일본인들에게 해를 입힐 가능성이 있다는 이유로 한국인 27인을 학살한 천인 공로한 만행을 기억하며 희생당한 동포 영령들을 위령하기 위해 비를 세운다. 우리 모두 과거를 영원히 기억하고 전쟁의 허망을 깨닫고 인류 평화를 애호하며 희생자들의 명복을 빌자. 서기 1996년 8월 3일."

(한국학중앙연구원, 『세계한민족문화대전』)

출처: 『국민일보』, 2008.1.14

러 갔습니다. 그곳에는 한국 이름 채정환이라고 하는 친한 친구가 살고 있었습니다. 그런데 그 친구는 집에 없었고 대신 일본인 아내 사토 미사코시가 자기 남편은 이미 작년 8월에 없어졌다고 말했습니다. 우리 마을에서는 여자 혼자 사는 것이 일반적이지 않은지라 사람들은 그녀를 마오카의 다른 한인과 결혼시켰지요. 저는 때를 엿보다가 그녀에게 '당신이 재혼했는데 남편이 살아있으면 어떻게 하느냐'고 물었습니다. 그러자 그녀는 남편이 살해당했다고 고백했습니다. 8월에 러시아인들이 마오카에 상륙했을 때 일본헌병의 명령에 따라 미즈호 마을의 모든 한인들이 살해당했다고 했습니다."

- 꼰스딴찐 가뽀넨코, 장한나 역, 2015, 『사할린 미즈호 마을의 비극』, 새문사, 18-19쪽

현재 '포자르스코예'라고 불리는 미즈호[瑞穗]는 일본이 러시아 남사할린 지역에서 실시한 식민 정책으로 형성된 전형적 농촌 마을이다. 1945년 8월 무렵, 이 마을에는 약 250호가 거주하고 있었는데, 10여 명의 조선인도 일본인의 차별과 감시 속에서 함께 생활하였다. 일본인들은 1945년 8월에 소련이 참전하여 패색이 짙어지자, 조선인들이 소련군에 협조한다는 헛소문을 믿게 되었다. 1945년 8월 20일에 지금의 홈스크인 남사할린 마오카[眞岡]에 소련군이 상륙하였다. 이곳은 일본인 주민들이 피난을 위해 배를 탈 항구였다. 미즈호 마을은 8월 21일부터 일본인 주민이 피난하면서 텅빈 마을로 바뀌었다. 다만 재향군인회 관계자의 지시를 받은 재향군인회 회원과 청년단 남성만이 마을에 남아 있었다.

이들은 일본이 '소련군에 협조한 조선인의 스파이 활동으로 패전하

였다'는 헛소문을 믿고, 함께 생활하였던 마을의 조선인들뿐만 아니라 임시 노동 등을 목적으로 마을 주변에 머물렀던 조선인 모두를 학살하려는 무시무시한 계획을 세웠다. 그리하여 8월 20일 아침부터 25일까지 조선인 약 35명을 조직적으로 무참히 살해한 뒤, 여러 곳에 나누어 몰래 매장하는 만행을 저질렀다. 이때 여성 3명과 젖먹이를 포함한 6명의 어린이도 학살되었다.

그 뒤 일본으로 돌아가지 못한 주민들이 마을로 돌아왔고, 살해 가담자들은 그들의 행위를 숨긴 채 평소와 다름없이 생활했다. 그러나 1946년 여름 이후에 소련 군당국이 조사를 시작하여 사건의 전모와 살해 가담자들을 모두 밝혀냈다. 조선인 살해에 적극 가담한 18명 중 7명은 사형 선고를 받고 사형에 처해졌고, 11명에게는 징역 10년 형이 집행되었다.

이 사건은 일본인이 한인 민간인을 대상으로 저지른 비인도적 범죄 행위를 공식 기록으로 확인한 대표적 사례이다. 남사할린 한인의 비극을 대표하는 사건이라 할 수 있다. 한인에 대한 차별적 인식과 편견, 일본인들의 왜곡된 식민지배 의식, 일본 제국에 대한 맹목적이고 잘못된 집단적 충성심 등이 뒤섞여 일어난 비인도적 잔혹 행위로 비판받아 마땅하다.

소련 당국의 재판 결과 최고 형이 구형된 호소카와 히로시(細川博), 기요스케 다이스케(清住大助), 구리스 노보루(栗栖昇), 치바 마사시(千葉政志), 호소카와 다케시(細川武), 치바 모이치(千葉茂一), 나가이 코우타로(永井幸太郎) 등은 1947년 2월 26일에 블라디보스토크에서 사형이 집행되었다. (방일권, 2008, 『사할린 미즈호 조선인 학살사건 진상조사』)

가미시스카 경찰서 학살사건

가미시스카 경찰서 학살사건은 1945년 8월 17일, 북위 50도, 소련과 사할린 국경 바로 아래 포로나이스크 지역 가미시스카(上敷香, 현재 이름은 레오니도보) 경찰서에서 발생한 한인 학살사건이다.

일본 경찰과 헌병은 소련군과 내통한다는 유언비어에 따라 한인 18명을 무차별 체포해 경찰서 유치장 안에 가둬놓고 살해한 후 증거인멸을 위해 시신을 불태우고 말았다.(『재외동포신문』 2015.3.10 기사 참조)

1923년 9월 1일 일본 도쿄와 요코하마 일대 관동 지역에서 발생한 관동대지진 때 14만여 명의 사망자를 포함해 40만여 명의 사상자가 발생했다. 이때 일본인들 사이에서 '조선인이 우물에 독을 넣었다,' '혼란을 틈타 곳곳에 불을 지르고 있다,' '폭동을 일으키려고 한다'는 등의 유언비어가 급속하게 퍼졌다. 일본 전역에 자경단(自警團)이 만들어졌고, 무고한 '조선인 사냥'이 벌어져 6,600명 이상의 조선인이 영문도 모른 채 일본도와 곤봉, 죽창에 살해되었다. 이와 유사한 같은 조선인(한인) 학살사건이 일본 패망 직후 사할린 곳곳에서 벌어졌다.

일본은 1945년 8월 아시아태평양전쟁에서 패전한 후 사할린 철수 대상에서 한인(조선인)들을 제외했다. 한인들의 대규모 일본 입국이 사회적 문제를 야기할 수 있다고 보았기 때문이다. 한인들은 종전 후에도 일본 국적이었지만, 일본은 한인들의 일본 국적 상실을 주장했다. 한인들은 고향으로 돌아가기 위해 사할린 남쪽 코르사코프항까지 갔지만, 일본 당국은 한인들을 배에 태우지 않았다. 한편, 일본인의 본토 귀환에 따른 사할린의 노동력 부족을 우려해 소련이 일본의 그 같은 처사를 방관했다

가미시스카 경찰서 학살사건 한인 추모비
출처: 최상구

는 설도 있다(이원용, 2009, 『사할린 가미시스카 한인학살사건』 1, 북코리아).

레오니도보 마을에는 희생자 김경득의 딸이 세운 다음과 같은 내용의 추모비가 있어 당시의 학살사건을 생생하게 증언하고 있다.

"1945년 8월 17일 일본헌병은 나의 아버지 김경득(53세)과 오빠 김봉재(18세)를 체포하여 다음 날 다른 조선인 수십 명과 함께 경찰서에서 살해하고 불태웠다. 그분들의 영혼을 위로하고 1945년 일본 군국주의자들에 의해 자행된 악행을 전 세계에 알게 하기 위해 이 비를 세운다. 1992년 8월, 김경순, 대한민국."

- 이정식, 「다시보는 '사할린 한인 학살사건'」, 『세종경제신문』, 2017.10.3

16

맺음말

'학살당한 민중'과 아직도 남아있는 진실규명 문제

우리는 지금까지 일본 당국과 일본군, 일본인들의 한국인 학살과 살상 등 상상을 초월할 정도의 만행이 저질러졌음을 알게 되었다.

특히 사할린 미즈호 마을과 가미시스카 경찰서의 학살사건 등은 1945년 8월 15일 이후 발생했다는 점에서 우리를 더욱 충격에 빠뜨리며, 가슴을 아프게 한다. 추후 일본 점령지와 한인 강제동원 지역 등에서 더 많은 학살 사례를 조사, 규명하여 억울하게 숨진 한인들의 넋을 위로하고, 진상을 규명해야 할 것이다.

지난 2019년 8월 초에 방송된 KBS-1TV의 특집다큐 〈사할린, 광복은 오지 않았다〉의 취재를 맡았던 이정훈 기자는 그 당시 취재의 어려움을 이야기하면서, 정부의 공식보고서조차 오류가 있었음을 밝혔다. 당초 미즈호 마을의 학살사건 희생자는 27인으로 알려졌는데, 소련군 재판기록을 확인해보니 35명가량 된다는 것이다.

그러면 이러한 현상을 어떻게 해석하고 평가할 것인가? 일본 정부나 조선총독부 당국의 차별과 억압·수탈정책, 1931년 9월의 만주사변(9·18사변)과 중국 동북 지방 침략, 1937년 중일전쟁 도발, 1941년 12월 아시아태평양전쟁 도발 등으로 연속되는 전쟁 상황, 특수한 상황이라는 외부적·국제적 요인을 고려할 수 있지만, 다른 요인은 없었는가?

각종 만행과 학살을 단순히 일본인들의 잔인한 민족성으로 봐야 하는가? 아니면 전쟁상황에서의 맹목적 충성심과 책임의식, 혹은 한인(또는 조선인)에 대한 일본인들의 차별적 인식이나 인종적 편견, 전통적으로 지속되어온 조선·조선인 멸시관 등으로 봐야 할까?

미국의 저명한 문화인류학자 루스 베네딕트는 『국화와 칼-일본문화의 틀』에서 일본인 특유의 모순적 성격을 지적하여 많은 사람의 공감을 얻은 적이 있다. 즉 공격적인 동시에 수동적이고, 호전적이면서 심미적이며, 무례하면서 공손하고, 충성스러운 동시에 간악하며, 용감하면서 비겁하다 등 양립할 수 없는 것처럼 보이는 행동 양상을 '국화와 칼'이라는 상징물로 표현했던 것이다. 그녀는 특히 일본인의 민족성을 위계서열 의식, 은혜와 보은, 의리에 대한 독특한 도덕 체계, 죄와 악에 대한 의식이 결여된 대신 수치심을 기본으로 하는 일본의 문화 체계로 설명했다. 손에는 아름다운 국화, 허리에는 차가운 칼을 찬 이중성의 일본인으로 결론지었다.

일본 국민은 이중적·모순적 특성을 지니며 극도로 섬세한 미감을 지니고 있지만, 동시에 칼의 냉혹함을 숭배하는 것이 일본 국민이라는 것이다. 이러한 시각은 한나 아렌트(Hannah Arendt)의 '악행자의 사유 불능성(inability to think)', 또는 '악의 평범성'과 다른 개념이다. (『예루살렘의 아

이히만』, 한길사, 2017 참조)

"일본인은 최고로 싸움을 좋아하면서도 얌전하고, 군국주의적이면서도 탐미적이며, 불손하면서도 예의 바르고, 완고하면서도 적응력이 있고, 유순하면서도 시달림을 받으면 분개하고, 충실하면서도 불충실하고, 용감하면서도 겁쟁이며, 보수적이면서도 새로운 것을 즐겨 받아들인다. 그들은 자기행동을 다른 사람이 어떻게 생각하는가에 놀랄 만큼 민감하지만, 동시에 다른 사람이 자기의 잘못된 행동을 모를 때는 범죄의 유혹에 빠진다. 그들의 병사는 철저히 훈련을 받지만 또한 반항적이다."

- 루스 베네딕트, 2019, 『국화와 칼-일본문화의 틀』, 을유문화사, 25쪽

또한 루스 베네딕트는 일본인의 심리적인 특이성으로 깨끗한 것을 좋아하는 점, 반대로 불결한 것을 미워하는 태도를 들었다(220쪽). 그런데 일본인들은 중국인·조선인 등이 상대적으로 자신들보다 불결하다고 간주했다. 이것을 한인과 중국인들을 학살할 수 있었던 한 심리적 요인으로 지적할 수도 있다고 본다.

물론 이러한 미국학자의 평가를 우리가 그대로 받아들일 필요는 없지만, 일본의 한국인 학살 만행 등을 다각도로 조명하고, 그 배경과 원인을 규명하기 위해서는 참고할 만한 의견이 아닌가 한다.

앞으로 일제강점기 및 그 전후 시기에 자행된 일본 군경 및 기관, 단체, 일본의 민간 차원에서의 다양한 한인(조선인) 학살 관련 자료 발굴과 증언 채록, 한국 정부 및 민간 차원에서의 적극적 조사·연구·교육, 한·중·일·러·미 등 여러 나라의 국제적 연대와 협력, 학계의 공동연구 및

협력 네트워크 구축, 희생자 추모 및 기념사업 추진 등 다양한 대책을 적극 추진할 필요가 있다.

참고문헌

1) 자료 · 자료집

姜德相 · 梶村秀樹 編, 1967~1977, 『現代史資料』 25~29(朝鮮 1~5), 東京: みすず書房

김승학, 1998, 「망명객 행적록」, 『한국독립운동사연구』 12집, 독립기념관 한국 독립운동사연구소.

金正明 編, 1967 · 1968, 『朝鮮獨立運動』(明治百年史叢書) 2 · 3 · 5권, 東京: 原書房.

『獨立新聞』(1923.9.19) 및 『獨立新聞』 호외(1923.9.4), 『獨立新聞』(1923.10.13), 『獨立新聞』(1923.12.5), 『獨立新聞』(1923.12.26, 168호).

박은식, 남만성 역, 2019, 『한국독립운동지혈사』, 서문당.

조중태, 1985, 「日軍의 오끼나와 韓國人 虐殺記」, 『신동아』 1월호, 동아일보사.

趙重泰, 岩橋春美 譯, 1986, 『日本軍の沖繩における韓國人虐殺の記錄』, 戰爭への道を許さない女たちの彬並の會事務局, 東京: 北陽工房.

2) 연구서 · 단행본 · 보고서 등

강덕상 외, 2013, 『관동대지진과 조선인학살』, 동북아역사재단.

김운태, 1998, 『개정판 일본 제국주의의 한국통치』, 박영사.

김춘선, 2016, 『북간도 한인사회의 형성과 민족운동』, 고려대학교 민족문화연구원.

권태억 외, 1994, 『자료모음 근현대 한국탐사』, 역사비평사.

도노무라 마사루, 김철 역, 2018, 『조선인 강제연행』, 뿌리와이파리.

독립기념관, 1995, 『독립기념관 전시품 도록』.

독립기념관 한국 독립운동사연구소, 2005, 『일제 강점하 국외 한인피해 실태조사보고서』 1(중국 해남도지역), 독립기념관.

루스 베네딕트, 김윤식 · 오인석 역, 2019, 『국화와 칼-일본문화의 틀』, 을유문화사.

박경식, 1986, 『일본 제국주의의 조선 지배』, 청아출판사(朴慶植, 『日本帝國主義の朝鮮支配』, 東京: 青木書店, 1973).

______, 박경옥 역, 2008, 『조선인 강제연행의 기록』, 고즈윈.

박용규, 2021,『전봉준 최시형 독립유공 서훈의 정당성』, 인간과자연사.
방일권, 2008,『사할린 미즈호 조선인 학살사건 진상조사』, 일제강점하강제동원피해 진상 규명위원회.
신용하, 2006,『일제 식민지 정책과 식민지 근대화론 비판』, 문학과지성사.
야마다 쇼지, 이진희 역, 2008,『관동대지진 조선인 학살에 대한 일본 국가와 민중의 책임』, 논형.
이종범 · 최원규, 1995,『자료 한국 근현대사입문』, 혜안.
윤병석, 2004,『증보 3 · 1운동사』, 국학자료원.
이원용, 2009,『사할린 가미시스카 한인학살사건』 1, 북코리아.
이정은, 2018,『일본 제국주의는 3 · 1운동을 어떻게 탄압했나?』, 독립기념관.
일본 조선사연구회, 박대재 역, 2016,『한국사 연구 입문』, 고려대학교 출판문화원.
일제강점하강제동원피해진상규명위원회, 2007,『사할린 가미시스카 조선인 학살사건 진상조사』
장세윤, 2005,『중국 동북지역 민족운동과 한국현대사』, 명지사.
______, 2021,『중국 동북지역 독립운동사』, 선인.
장석흥 외, 2012,『해방 전후 국제정세와 한인의 귀환』, 역사공간.
______, 2012,『해방 전후 중국 · 대만지역 한인의 귀환』, 역사공간.
정혜경, 2019,『일본의 아시아 태평양전쟁과 조선인 강제동원』, 동북아역사재단.
조동걸, 1989,『한국민족주의의 성립과 독립운동사연구』, 지식산업사.
《중국조선민족발자취총서》 편집위원회, 1999,『개척』(중국조선민족 발자취총서 1), 북경: 민족출판사.
______, 1995,『불씨』(중국조선민족발자취총서 2), 민족출판사.
최길성, 2007,『화태조선인의 비극』, 제일서방.
최상구, 2015,『사할린-얼어붙은 섬에 뿌리내린 한인의 역사와 삶』, 일다.
하야시 에이다이, 반민족문제연구소 역, 1991,『증언: 사할린 조선인의 학살사건』, 계

명문화사.
한영우, 2016,『미래를 여는 우리 근현대사』, 경세원.
화성시 · 수원대학교 동고학연구소, 2005,『사진으로 본 화성지역의 3 · 1운동과 항일 영웅들』, 화성.
꼰스딴찐 가뽀넨코, 장한나 역, 2015,『사할린 미즈호 마을의 비극』, 새문사.
工藤美代子, 2009,『関東大震災: '朝鮮人虐殺'の眞實』, 東京: 産經新聞出版.
関東大震災時に虐殺された朝鮮人の 遺骨を発掘し追 悼する会, 2011.7,『關東大震災時 朝鮮人虐殺事件 東京下町フィ—ルドワ—ク資料』.
_______, 2012.1,『關東大震災時 朝鮮人虐殺事件 東京フィ—ルドワ—ク資料(下町以外編)』.
_______, 2012.6,『關東大震災時 · 朝鮮人關連「流言蜚語」· 東京證言集』.
日本宇都宮太郎研究會, 2007,『日本陸軍とアジア政策』1 · 2 · 3, 東京: 岩波書店.
日本外務省, 1965,『日本外交年表幷主要文書』上, 東京: 原書房(外務省外交史料館 · 日本外交史辭典編纂委員會, 1979,『日本外交史辭典』, 東京: 大藏省印刷局).
朝鮮史研究會, 1995,『新版 朝鮮の歷史』, 東京: 三省堂.
竹内康人, 2013,『調査 · 朝鮮人 强制勞動』① · ②, 東京, 社會評論社.
戸田郁子, 2011,『中國朝鮮族を生きる - 旧滿洲の記憶』, 東京: 岩波書店.
W. G. Beasley, 1987, *Japanese Imperialism 1894~1945*, Oxford Univresity Press(정영진 역, 2013,『일본 제국주의 1894~1945』, 서울: 한국외국어대학교 출판부)

3) 논문

김상기, 2009,「한말 일제의 침략과 의병학살」,『제노사이드와 한국 근대』, 경인문화사.
_____, 2013,「'제14연대 진중일지'를 통해 본 일본군의 의병탄압」,『한국독립운동사연구』44.
김승태, 2010,「일제의 식민지배와 식민통치 이데올로기」,『근대 열강의 식민지 통치와 국민통합』, 동북아역사재단.

김영숙, 2019, 「일본제국주의의 3.1운동 탄압과 제암리사건」, 『일본학』 49.

김용구, 2010, 「베르사유 체제의 역사적 의의와 한반도」, 『3·1운동과 1919년의 세계사적 의의』, 동북아역사재단.

김춘선·조동걸, 1998, 「1920년 간도참변의 실상」, 『역사비평』 45.

김춘선, 2000, 「경신참변 연구–한인사회와 관련지어」, 『한국사 연구』 111.

박맹수, 2020, 「일제강점기 통치의 성격과 특징」, 『새롭게 쓴 한국 독립운동사 강의』, 한울 아카데미.

박찬승, 2004, 「동학농민전쟁기 일본군·조선군의 동학도(東學徒) 학살」, 『역사와현실』 54.

신영우, 2009, 「1894년 일본군의 동학농민군 학살」, 『제노사이드와 한국 근대』, 경인문화사.

李炯植, 2006, 「'文化統治'初期における朝鮮總督府官僚の統治構想」, 『史學雜誌』 第115-4.

정재정, 2008, 「일본제국의 '한국 강점'을 어떻게 볼 것인가?」, 『한국병합사 연구』, 운노 후쿠쥬(海野福壽), 정재정 옮김, 논형.

정진석, 1990, 「上海版 독립신문에 관한 연구」, 『汕耘史學』 4.

장세윤, 1992, 「일제의 경성제국대학 설립과 운영」, 『한국독립운동사연구』.

______, 2001, 「호서유림의 홍주 의병봉기와 향후 민족운동」, 『대동문화연구』 39.

______, 2010, 「일제 강점35년 - 우리는 어떻게 살았을까」, 『일제강점기』, 눈빛.

______, 2012, 「근대의 이중성과 대한제국의 종말 - 외국인의 눈으로 본 한국의 근대」, 『개화기와 대한제국』, 눈빛.

______, 2013, 「관동대지진 때 한인 학살에 대한 『독립신문』의 보도와 그 영향」, 『사림』 46.

______, 2015, 「3·1운동과 관동대지진 때 한인 학살 피해의 재검토」, 『한일협정 50년사

의 재조명』 4, 동북아역사재단.

Chang, Se-yun, 2018, "The Characteristics and Significance of the Korean Independence Movement", *Yearbook of the Institute of East-Central Europe, Lublin*: Institute of East-Central Europe.

최기영, 1999, 「上海版《독립신문》의 발간과 운영」, 『대한민국임시정부 수립 80주년기념 논문집』 하, 국가보훈처.

최유리, 2007, 「일제 식민지 통치의 실상」, 『한국 독립운동사 강의』, 한울 아카데미.

홍순권, 2011, 「한말 경남지역 의병운동과 일본군의 의병학살」, 『군사연구』 131.

______, 2013, 「한말 일본군의 의병 진압과 의병 전술의 변화 과정」, 『한국독립운동사연구』 45.

찾아보기

ㄱ

ㅁ

ㅂ

ㅅ

ㅇ

ㅊ

일제침탈사 바로알기 17

일제강점기 학살당한 한국인들

초판 1쇄 인쇄 2021년 12월 20일
초판 1쇄 발행 2021년 12월 31일

지은이 장세윤
펴낸이 이영호
펴낸곳 동북아역사재단

등 록 제312-2004-050호(2004년 10월 18일)
주 소 서울시 서대문구 통일로 81 NH농협생명빌딩
전 화 02-2012-6065
팩 스 02-2012-6189
홈페이지 www.nahf.or.kr
제작·인쇄 (주) 몽작

ISBN 978-89-6187-675-9
978-89-6187-482-3(세트)

• 책값은 뒤표지에 있습니다. 잘못된 책은 바꾸어 드립니다.